职业教育新能源汽车专业"十三五"规划教材

新能源汽车概论

主　编　罗　英　周梅芳
副主编　于　飞　聂光辉
主　审　吴书龙

机械工业出版社

本书包括5个学习项目，分别介绍了国内外新能源汽车现状与发展趋势、新能源汽车的类型与电池概述、混合动力汽车的技术特点和驱动方式、纯电动汽车的技术特点和驱动方式、新能源汽车功能操作。本书注重理实一体、案例解析导入，实用性强，贴合企业工作实际。本书可作为职业院校新能源汽车、汽车维修等相关专业的教学用书，还可以作为汽车企业的培训资料，也适用于作为对新能源汽车感兴趣的大众群体了解新能源汽车技术发展的专业读物。

图书在版编目（CIP）数据

新能源汽车概论 / 罗英，周梅芳主编. — 北京：机械工业出版社，2017.12（2024.9 重印）
职业教育新能源汽车专业"十三五"规划教材
ISBN 978-7-111-58811-5

Ⅰ.①新… Ⅱ.①罗… ②周… Ⅲ.①新能源—汽车—职业教育—教材 Ⅳ.① U469.7

中国版本图书馆 CIP 数据核字（2017）第 328946 号

机械工业出版社（北京市百万庄大街22号 邮政编码100037）
策划编辑：杜凡如 徐 霆 责任编辑：杜凡如 徐 霆
责任校对：王明欣 封面设计：马精明
责任印制：邰 敏
中煤（北京）印务有限公司印刷
2024年9月第1版第21次印刷
184mm×260mm·12.5印张·304千字
标准书号：ISBN 978-7-111-58811-5
定价：35.00元

电话服务 网络服务
客服电话：010-88361066 机 工 官 网：www.cmpbook.com
　　　　　010-88379833 机 工 官 博：weibo.com/cmp1952
　　　　　010-68326294 金 书 网：www.golden-book.com
封底无防伪标均为盗版 机工教育服务网：www.cmpedu.com

职业教育新能源汽车专业"十三五"规划教材指导委员会

主任

郑丽梅　全国机械教育教学指导委员会

副主任

（排名不分先后）

陈旭明　比亚迪汽车工业有限公司
吴立新　行云新能科技（深圳）有限公司
朱　军　中国汽车工程学会应用与服务分会
韩建保　北京理工大学机械与车辆学院
张琨豪　国家开放大学福建分院
李春明　长春汽车工业高等专科学校

委员

（排名不分先后）

吴书龙	申荣卫	董铸荣	朱文韬	文爱民	戴良鸿
姚博翰	吴东平	向　东	阙广武	朱汉楼	陆春其
谢可平	张文华	李正国	王立刚	王　蔚	单立新
张利军	简玉麟	曾　鑫	陈署红	李志国	陈文军
毛行静	陈道齐	葛长兴	陈　胜	刘亚青	虞伟良
蒋振世	王福忠	占百春	陈其生	蒋志伟	黄俊刚

职业教育新能源汽车专业"十三五"规划教材编委会

主审
吴书龙　江苏联合职业技术学院（无锡汽车工程分院）

主编
罗　英　广州市技师学院
周梅芳　金华职业技术学院

副主编
于　飞　江苏汽车技师学院
聂光辉　洛阳职业技术学院

参编成员
（排名不分先后）
张珠让　咸阳师范学院职业技术学院
陈　森　茂名职业技术学院
贾国强　洛阳职业技术学院
刘　港　广西机电职业技术学院
盛丹丹　安徽水利水电职业技术学院
陈　阳　安徽水利水电职业技术学院
孙华成　烟台工贸学校
赵　利　山东交通技师学院
宋教华　烟台工程职业技术学院
赵晓东　威海市文登技师学院
高红花　湖南财经职业技术学院
王桥生　贵州省电子工业学校

序

2015年，我国新能源汽车的产量超越美国，成为世界第一大新能源汽车生产国，如今新能源汽车的保有量也已经突破百万辆的级别。随之而来将是新能源汽车后市场的迅速崛起，面对这样的局面，我国新能源汽车后市场将会面临深刻变化，如何快速培养新能源汽车前后市场的技术技能人才使之与汽车技术的发展相适应，已经成为刻不容缓的紧迫任务。

行云新能科技（深圳）有限公司在全国机械教育教学指导委员会的指导下，依托深圳比亚迪汽车的技术支持，近年来面向汽车职业教育开展了一系列新能源汽车的竞赛和教师培训工作，在推动我国汽车职业教育向新能源汽车转型方面取得了丰硕成果。去年应吴立新总经理的邀请，在深圳参加了由机械工业出版社牵头、行云新能组织、比亚迪汽车技术支持、全国数十所中高职汽车职业院校老师参与的新能源汽车职业教育教材的编写启动会议，确定了以工作任务为主线、以教会学生如何工作为目标、以国内新能源汽车技术的领跑者比亚迪汽车为基础的教材编写工作。在那次会议上，我向与会老师们介绍了中国汽车工程学会与中国职业教育技术学会合作成立的中国汽车职教集团提出的：新能源汽车专业的课程设置可以我国新能源汽车发展技术路线中"三纵三横"为基础构建新能源汽车专业课程体系，以教学实验导入的新能源汽车专业知识体系，以工作任务导入的新能源汽车实训技能体系的思路。

一、新能源汽车专业课程体系的构建依据

我国新能源汽车发展以"三纵三横"为技术路线。"三纵"是指纯电动、插电式混合动力以及氢燃料电池三种新能源汽车。"三横"是指电机、电池、电子控制三大核心系统。"三纵三横"既包括了我国定义的三种新能源汽车，又包含了新能源汽车的关键核心技术系统。因此，职业教育新能源汽车专业可以"三纵三横"为基础来构建新能源汽车专业的课程体系。这就是说，首先新能源汽车课程要讲清楚纯电动、插电式混合动力以及氢燃料电池三种汽车的整体结构原理及维修诊断方法。其中结构原理可以在新能源汽车概论中加以阐述，而纯电动汽车、插电式混合动力汽车和氢燃料电池汽车还应有实训工作页完成实操作业教学。另外还要讲述电池、电机及电子控制三个关键系统的结构原理的维修诊断，通常有驱动电机及控制系统、动力电池及管理系统、新能源汽车充电系统的结构原理和维修诊断实训工作页教学。这就是以"三纵三横"为基础来构建的新能源汽车专业课程体系。

二、新能源汽车专业教学方法探讨

相对传统能源汽车专业而言，新能源汽车专业最突出的特点是从机械工程向电气工程的转变，从热机向电机的转变，从燃料向电池的转变，这样的转变对于汽车职业教育专业而言更是学习思路从形象思维向逻辑思维的转变，大量的电气电子、电机电控、电池管理等控制问题与传统汽车发动机底盘机构的机械原理与控制相比更是抽象逻辑思维特征明显，这些将会成为新能源汽车专业在职业教育领域的教学难点。

因此我们提出要以教学实验的方法导入专业理论知识体系的教学思路，用形象的实验教学解决抽象逻辑分析不易理解的难点。这才是汽车职业教育面临新能源汽车挑战中最好的解决办法。因此,新能源汽车专业的理论知识必须基于实验方法进行教学设计,每个理论知识点的教学都应先设计出相应的实验教学平台,其课程体系应该完整地构建在相对应的实验设备平台之上。只有这样才能真正做到将抽象的理论知识教学变成形象的实验方式教学。使得学生能更好地理解新能源汽车专业理论知识,指导学生深刻认识并运用新能源汽车专业知识去解决新能源汽车在汽车前后市场的运用与实践问题。

几个月过去了,当我看到这套教材的样书时,我欣慰看到这六本教材与工作页在新能源汽车"三纵三横"的课程设计中充分体现了教学实验导入的专业知识体系和工作任务导入的实训技能体系。这套教材在比亚迪汽车的技术支持下非常好地实现了以一个新能源汽车生产企业的主流车系完整实现新能源汽车"三纵"之中纯电动和插电式混动汽车两大实车教学平台的嵌入,加上比亚迪汽车独立自主的电池技术也很好地解决了"三横"之中核心部件电池技术教学内容的完成。以上这些特点正是这套教材编写的特殊之处。

随着新能源汽车在我国的迅速发展,职业教育必将承担起新能源汽车前后市场技术技能人才的培养重任,由于我国汽车工业"双积分"的实施,将会有更多的汽车制造企业加入到新能源汽车的生产行列之中。因此,传统汽车专业要开设新能源汽车技术的课程,形成传统汽车专业新能源方向的教学课程体系,而新能源汽车专业也不能断然抛弃传统能源汽车专业的核心课程。由于汽车能源正处在新老交替的历史阶段,新旧两种能源汽车还将在一定的时间段中共存,当下汽车职业教育既要培养传统能源汽车的技术技能人才,也要同时培养新能源汽车的技术技能人才,这就是当前我国汽车职业教育所面临的向"多课程、少课时"发展的必然结果。

我真心期待这套教材能够为我国汽车职业教育教学添砖加瓦,为新能源汽车教学锦上添花。也希望使用本教材的老师和同学们提出批评指正,让参加编写的老师们不断进步!当今的汽车职业教育老师正处在汽车新旧能源交替的时代,我们担负着"承前启后"的历史使命,我们为能够在这样一个时代从事汽车职业教育工作而自豪,也一定将为能够在这个时代倾力付出自己的所有而骄傲。我更希望汽车职业学校新能源汽车专业的同学们能够在中国新能源汽车走向世界的历史时代,为中国汽车工业的崛起做出自己应有的贡献,成就自己无悔的人生!

中国汽车工程学会汽车应用与服务分会 技术总监

二〇一八年一月

前　言

随着新能源汽车技术的快速发展和国家政策扶持力度的增大，新能源汽车的生产制造与售后服务人员的需求必将逐步增加，有些职业院校已经抓住了市场机遇，及时调整了专业培养方向，开设或准备开设新能源汽车技术专业。新能源汽车是一个全新的技术领域，新能源汽车专业是很多职业院校正在积极建设的专业，但是关于混合动力汽车、纯电动汽车维修方面的书籍很少，并且大多是关于理论研究的。为了让更多人，特别是使用和维修新能源汽车的售后服务人员，对新能源汽车有所了解，行云新能科技（深圳）有限公司作为一家专注新能源汽车专业教学整体解决方案开发与应用的企业，组织行业专家、课程专家及一线汽车品牌主机厂的新能源汽车工程师等人员，与美国国家新能源培训联盟（NAFTC）合作，结合中国车系特点，以《比亚迪 SOP 维修技术规范》为实操标准，编写了这套职业教育新能源汽车专业"十三五"规划教材。

实战性强

基于大量的市场调查，本书 80% 以上的内容为新能源汽车的使用和维护方法，避免了现有新能源汽车教材内容偏设计制造技术导致的理论性太强的缺陷，使教材更贴近汽车维修企业实际工作及职业教育的特点。

适用性强

职业教育专家对本书的结构进行全面把控，使内容符合职业教育的特点，采用任务驱动结构编写，方便教材组合，可以适用于新能源汽车专业方向的学生，也能帮助其他汽车专业方向的学生学习新能源汽车知识和技能。教材综合了比亚迪、丰田等国内主流新能源汽车厂家的共性和差异，解决了汽车"地域性"问题。

配套资源丰富

立体化课程，配套资源包括教材、教学课件、配套试题等。整个课程的推进遵循以"教师手册"为指导，"任务实施"为引领，学生"教材"和教师"教学课件 PPT"为参考，技能实操视频与教学实训设备相配套的总体原则。

本书全面、系统地介绍了新能源汽车的基础知识和必备功能的操作技能,对混合动力汽车和纯电动汽车的车型进行详细的讲解,同时注重图文结合,采用大量的实物图、结构图、电路图、故障案例,配合文字进行讲解与描述。

　　本书由广州市技师学院罗英、金华职业技术学院周梅芳任主编,江苏汽车技师学院于飞、洛阳职业技术学院聂光辉任副主编,由江苏联合职业技术学院(无锡汽车工程分院)吴书龙任主审。参与编写的还有张珠让、陈森、贾国强、刘港、盛丹丹、陈阳、孙华成、赵利、宋教华、赵晓东、高红花和王桥生等老师。

　　在编写本书过程中,引用了大量原厂手册及文献资料,在此,全体编者向原作者们表示衷心的感谢!

　　由于本书涉及内容较新,且编者水平有限,书中难免有不足之处,恳请相关领域专家和广大读者批评指正。

编　者

目　录

序
前言

项目1　国内外新能源汽车现状与发展趋势

任务1　新能源汽车的类型与技术特征 ………………………………………… 1
任务2　发展新能源汽车的必要性 ………………………………………………… 7
任务3　新能源汽车发展现状及趋势 …………………………………………… 13

项目2　新能源汽车的类型与电池概述

任务1　新能源汽车的类型与主流车型 ………………………………………… 30
任务2　新能源汽车电池的类型与应用车型 …………………………………… 44

项目3　混合动力汽车的技术特点和驱动方式

任务1　混合动力汽车的技术特点 ……………………………………………… 51
任务2　混合动力汽车的驱动方式 ……………………………………………… 72
任务3　混合动力汽车结构认知 ………………………………………………… 80

项目4　纯电动汽车的技术特点和驱动方式

任务1　纯电动汽车的技术特点 ………………………………………………… 86
任务2　纯电动汽车的驱动方式 ………………………………………………… 90
任务3　纯电动汽车结构认知 …………………………………………………… 94

项目5　新能源汽车功能操作

任务1　新能源汽车的安全使用规范和组合仪表操作 ………………………… 101
任务2　新能源汽车控制器的操作 ……………………………………………… 127
任务3　新能源汽车的使用和驾驶操作 ………………………………………… 144
任务4　新能源汽车舒适娱乐系统的操作 ……………………………………… 163
任务5　新能源汽车车内装置的使用和车辆规格识别 ………………………… 178

参考文献 …………………………………………………………………………… 189

项目 1

国内外新能源汽车现状与发展趋势

项目描述

本项目共3个学习任务,分别是:
任务1:新能源汽车的类型与技术特征;
任务2:发展新能源汽车的必要性;
任务3:新能源汽车发展现状及趋势。
通过3个任务的学习,熟悉当前国内外新能源汽车发展状况、新能源汽车类型及技术特征,以及我国对新能源汽车发展的相关政策法规,同时了解国内外新能源汽车的发展趋势。

任务1 新能源汽车的类型与技术特征

一、任务引入

为了将来能更全面地掌握各种新能源汽车的维修技术,在此首先需要了解什么是新能源汽车、常见的新能源汽车类型有哪些,以及和传统汽车相比它具有什么技术特征。

二、任务要求

知识要求:

- 掌握节能汽车及新能源汽车的定义。
- 熟悉节能汽车和新能源汽车的类型、分类依据及基本特征。

职业素养要求:

- 严格执行汽车检修规范,养成严谨科学的工作态度。

- 尊重他人劳动,不窃取他人成果。
- 养成总结训练结果的习惯,为下次训练积累经验。
- 养成团结协作的精神。
- 严格执行 5S 现场管理。

三、相关知识

当前,以万物互联、大数据、云计算、增材制造和人工智能等技术为代表的新一轮科技变革方兴未艾,正在引领全球制造业的全面转型升级。汽车产业和技术都占据了至关重要的位置,各国纷纷选择汽车产业作为制造业整体升级的突破口,加快推进制造业的转型。这一战略指向带动全球汽车技术进入加速进步和融合发展的新时期,并呈现出低碳化、信息化、智能化三大趋势。

低碳化代表着汽车产业不断降低能源消耗和污染物排放的技术趋势,主要包括传统动力技术和传动技术的升级、新能源技术和混合动力技术的发展,低碳化最终指向的是节能汽车和新能源汽车产品。

节能与新能源汽车是指采用非常规车用燃料作为动力来源(或使用常规车用燃料、采用新型车载动力装置),综合车辆的动力控制和驱动方面的先进技术,形成的技术原理先进、具有新技术、新结构的汽车。

节能与新能源汽车包括燃气(液化天然气 LNG、液化石油气、压缩天然气 CNG)汽车、燃料电池电动汽车(FCEV)、纯电动汽车(BEV)、氢能源动力汽车、混合动力汽车 HEV(油气混合、油电混合)、太阳能汽车和其他新能源(如高效储能器)汽车等,其废气排放量比较低。

1. 节能汽车

1.1 节能技术

在汽车技术的低碳化、信息化和智能化的趋势下,各大汽车强国在汽车节能技术、新能源汽车技术、智能网联技术等方面持续取得了较大的进展和突破,见表 1-1-1。

表 1-1-1 各国主要汽车战略及方向

类别		主要战略	发展方向
国家战略	美国	《电动汽车普及大挑战蓝图》 《智能交通系统战略计划 2015—2019》	新能源 智能化 智能交通体系
	欧洲	《欧盟 2020 年战略创新计划》 《智能交通系统发展行动计划》	低 CO_2 排放 智能交通体系
	日本	《下一代汽车战略 2010》 《日本汽车战略 2014》	新能源 低能耗 自动驾驶与智能交通体系
企业战略	福特	《移动出行蓝图 2050》 《气候战略 2030》	低碳化 移动出行服务 自动驾驶
	大众	《共同战略 2050》	电气化 数字化 自动驾驶
	丰田	《气候挑战 2050》 《智慧出行社会》	CO_2 零排放 智慧出行社会 自动驾驶

项目 1　国内外新能源汽车现状与发展趋势

汽车节能技术主要包括传统动力优化、混合动力技术、整车节能技术三大方面，其发展趋势如图 1-1-1 所示。总体来看，在整车节能技术的基础上，发展小型化及混合动力车型是实现乘用车节能的共性技术，其重点在于应用的低成本。在混合动力技术方面，各国均逐渐将其视为满足未来节能法规的有效技术路线之一，而日本在该领域处于领先位置。目前，全世界已有多款混合动力车型投放市场，其油耗水平相对传统车型都有较大程度的改善，代表车型如日本丰田普锐斯混合动力汽车，据机动车公告数据显示，其油耗为 4.3L/100km，明显优于同级别传统汽油机车辆。我国也要求到 2020 年，新车油耗限值达到 5L/100km。

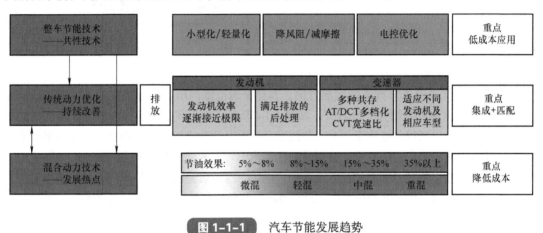

图 1-1-1　汽车节能发展趋势

想一想

1L 汽油大约重 0.756kg，燃烧后会产生约 2.4kg 的二氧化碳，一辆传统汽油车，油耗为 7L/100km，按照车辆年行驶里程 1.5 万 km 计算，这辆汽车一年排放多少二氧化碳？

1.2　节能汽车类型

节能汽车大致可分为两种，第一种是在传统动力总成基础上进行动力优化，降低油耗，使得内燃发动机的性能持续提升，通过进排气优化、燃烧优化、提高压缩比、结构优化、降低发动机内阻等技术的应用，让内燃机热效率持续提升，如图 1-1-2a 所示。与此同时，与发动机协调配合的自动变速器技术同样发展迅猛，AT、DCT 多档化和 CVT 宽速比趋势日益明显，高性能齿轮轴承等共性关键技术不断提升，进一步降低车辆油耗，如图 1-1-2b 所示。

a) 本田 1.0T 小排量增压发动机　　b) ZF 9 速 AT

图 1-1-2　传统动力总成节能优化

第二种是混合动力汽车,也是各国均逐渐将其视为满足未来节能法规的有效技术路线之一。混合动力的核心技术主要是专用发动机开发、机电耦合装置的设计与应用,而机电耦合方面,已有多种可行的技术路线,并应用在不同的整车产品上。不同技术路线和混合度的各种混合动力技术,具有不同的节油效果和成本代价。在混合动力方面代表车型有丰田普锐斯混合动力汽车,如图1-1-3所示。

图 1-1-3　丰田普锐斯混合动力汽车

2. 新能源汽车

2.1 新能源技术

新能源汽车代表着未来汽车的发展方向,其在全球范围内所占的比例正在迅速增长。新能源汽车技术发展体系可总结为"1+2+3",如图1-1-4所示。"1"代表整车平台技术,作为新能源技术的综合载体,可通过传统汽车平台、传统平台的电气化改进以及开发电动汽车专用平台来实现。"2"代表充电技术和智能技术,分别是新能源汽车发展的保障和未来发展方向。"3"代表动力电池技术、驱动电机技术和电控技术(即"三电"),这三者是新能源技术的核心。其中最为核心的是动力电池技术,提高其能量密度和循环寿命是当前新能源汽车领域研究的重中之重。

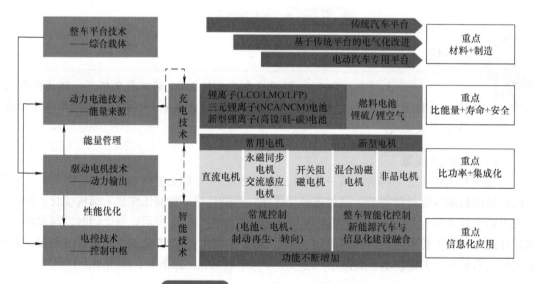

图 1-1-4　新能源汽车技术发展体系

2.2 新能源汽车类型

从产品角度看,新能源汽车包括纯电动汽车、插电式混合动力汽车以及氢燃料电池汽车。

(1)纯电动汽车

纯电动汽车是指以车载电源为动力,用电机驱动车轮行驶,符合道路交通、安全法规各项要求的车辆。电力驱动及控制系统是电动汽车的核心,也是区别于内燃机汽车的最大不同点。就目前发展情况来看,纯电动汽车发展较快,关键技术和性能指标持续提升,产业规模持续增长,如图1-1-5所示为比亚迪e5纯电动汽车。

图 1-1-5　比亚迪 e5 纯电动汽车

（2）插电式混合动力汽车

插电式混合动力汽车属于混合动力的一种类型，它理论上以电能驱动为主，发动机只在纯电行驶里程不足时起补充保障作用，故归入新能源汽车中。其目前技术已较为成熟，代表车型为宝马 530Le，如图 1-1-6 所示。

图 1-1-6　宝马 530Le 插电式混合动力汽车

（3）氢燃料电池汽车

氢燃料电池汽车目前处于基础研发及小批量试营运阶段，它是以氢燃料电池作为动力源的电动汽车，是一种真正意义上的"零排放、无污染"的载运工具，代表车型为丰田 Mirai 氢燃料电池汽车，如图 1-1-7 所示。

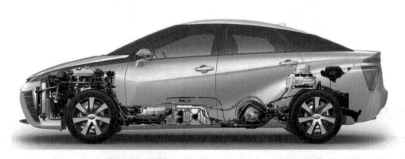

图 1-1-7　丰田 Mirai 氢燃料电池汽车

3. 国家对新能源汽车政策

3.1 新能源汽车补贴

国家对新能源乘用车补贴的对象依然是纯电动汽车、插电式混合动力汽车和燃料电池汽车，但对车辆的技术要求进一步提高。其中，纯电动汽车的补贴门槛由之前的80km续航里程提高到100km，对车辆的最高时速也要求不低于100km/h，图1-1-8为国家对新能源汽车发展出台的相关政策。

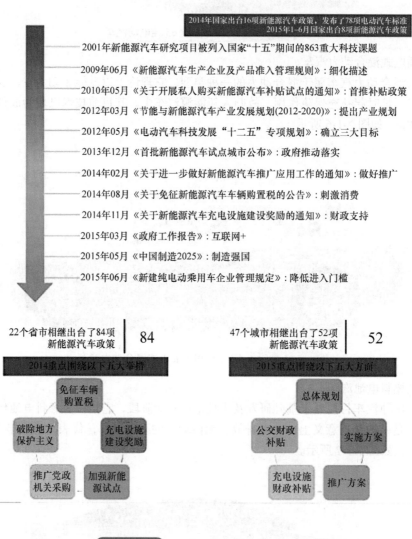

图 1-1-8　国家对新能源汽车的政策

3.2 新能源汽车号牌

公安部将自2016年12月1日起，在上海、南京、无锡、济南、深圳五个城市率先试点启用新能源汽车号牌。根据新能源类别，相应新能源汽车核发的号牌也有区别，如图1-1-9所示。

新能源小型车号牌

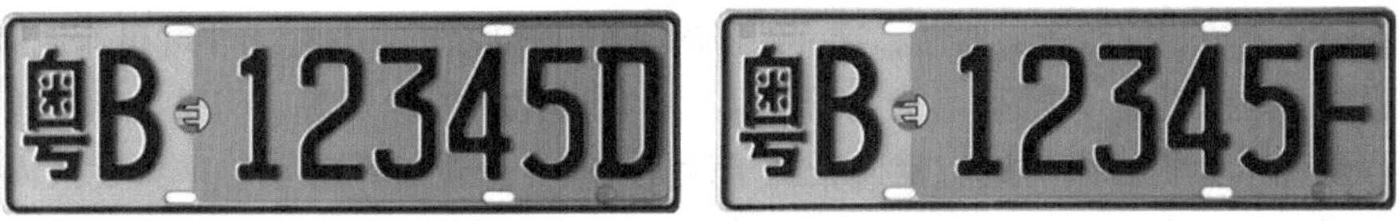

新能源大型车号牌

图 1-1-9　新能源汽车号牌

新能源汽车号牌按照不同车辆类型实行分段管理，字母"D"代表纯电动汽车，字母"F"代表非纯电动汽车（包括插电式混合动力和燃料电池汽车等）。

任务 2　发展新能源汽车的必要性

一、任务引入

作为化石燃料的使用大户，汽车产业面临着全球能源紧缺的严峻挑战。各国相继制定了日益严苛的油耗或燃效法规，法规不断升级倒逼汽车节能技术不断优化，对于新能源汽车的发展可以说是大势所趋。纵观国内外各大汽车厂家，其都在紧锣密鼓地发展自己的新能源汽车，那么为什么要发展新能源汽车呢？

二、任务要求

知识要求：

- 熟悉新能源汽车发展的必要性。

职业素养要求：

- 严格执行汽车检修规范，养成严谨科学的工作态度。
- 尊重他人劳动，不窃取他人成果。
- 养成总结训练结果的习惯，为下次训练积累经验。
- 养成团结协作的精神。
- 严格执行 5S 现场管理。

三、相关知识

1. 发展新能源汽车的背景

1.1 能源危机迫在眉睫

世界经济的现代化，得益于化石能源，如石油、天然气、煤炭的广泛应用，因而它是建筑在化石能源基础之上的一种经济。然而，这一经济的资源载体将在21世纪上半叶迅速地接近枯竭。

我国是一个能源生产大国和消费大国，拥有丰富的化石能源资源，但是人均能源资源拥有量较低，煤炭和水力资源人均拥有量仅相当于世界平均水平的50%，石油、天然气人均资源拥有量仅为世界平均水平的1/15左右。在经济高速增长的条件下，能源的消耗速度更快，能源枯竭的威胁可能来得更早、更严重。因而，日益增长的能源压力迫使我们不得不寻找解决能源危机的突围之路。

1.2 汽车对环境的影响

汽车数量剧增，给自然环境中的空气、土地资源、水资源、海洋、人文环境及人类的生存和健康带来许多不利影响。这些影响效应往往相互叠加，引发出人类事先未曾预料到的诸多问题。汽车是依靠发动机燃烧燃料产生驱动力而行驶的，在发动机燃烧燃料做功后排放的尾气中，含有一氧化碳、二氧化碳、氮氧化物、碳氢化合物以及对人体产生不良影响的其他一些固体细微颗粒物。一氧化碳是无色、无刺激的有毒气体，是汽车有害排放物中浓度最高的一种成分。城市大气中的一氧化碳大部分都来自汽车尾气，它是燃油燃烧不充分的产物，车速越慢，交通堵塞越严重，排放量就越多。空气中一氧化碳浓度较低时，可导致人体出现中枢神经系统慢性中毒，引起头痛、眼睛发直。当每立方米的空气中一氧化碳含量达到4克时，能在30分钟内使人死亡。二氧化碳是主要的温室气体之一。当大气中二氧化碳含量升高时，会增强大气对太阳光中红外线辐射的吸收，阻止地球表面的热量向外散发，使地球表面的平均气温上升，产生温室效应。目前，全世界二氧化碳的排放量已超过200亿吨，其中汽车的排放量约占10%~15%。汽车尾气排放物中的二氧化碳占废气总量的20%。氮氧化物与空气中的水分和其他物质反应形成酸雨、酸雾等，腐蚀金属物、汽车、建筑物和历史文物等。酸雨还污染河流、湖泊，严重影响鱼类生存。氮氧化物与空气中的水分、氨以及其他化合物反应，生成含硝酸的细微颗粒物，影响呼吸系统，损害肺组织；进入人体肺脏深部，引起或者恶化呼吸系统疾病。汽车尾气中所含的各种碳氢化合物总称为烃类，成分有百余种之多，其浓度总量比一氧化碳要少。碳氢化合物中大部分对人体健康的直接影响并不明显，但碳氢化合物中含有少部分醛类（甲醛、丙烯醛）和多环芳烃（苯并芘等）。其中甲醛与丙烯醛对鼻、眼和呼吸道黏膜有刺激作用，可引起结膜炎、鼻炎、支气管炎等症状，它们还有难闻的臭味。苯并芘被认为是一种强致癌物质。汽车尾气中含有的细微颗粒物，主要有作为抗爆剂加入到汽油中的四乙基铅经燃烧后生成的铅化物微粒，以及燃料不完全燃烧生成的炭烟粒等。铅化物扩散到大气中，当人们吸入这种有害物并积累到一定程度时对人体健康十分有害。

想一想

你现在明白为什么要实行峰谷电价了吗？除了电价调节外，你能想到有什么好的办法平衡电网吗？

2. 发展新能源汽车的必要性

随着全球经济的发展，能源和环境问题日益突出，降低车用化石能源消耗、减少汽车二氧化碳及各种污染物排放，是全球应对能源和环境问题最重要的举措之一。新能源汽车是汽车工业发展的时代产物，从国家层面讲，汽车工业较为发达的国家都以不同形式阐述了新能源汽车发展计划及技术路线，如日本政府先后发布了《下一代汽车战略 2010》和《纯电动和插电式混合动力汽车指导方针》，美国政府发布了《电动车普及大挑战蓝图》，德国政府发布了《国家电动汽车发展计划》等，这些计划为各国新能源汽车发展起到了明确的技术引领作用。

作为我国战略性新兴产业之一，新能源汽车的发展承载着缓解石油资源短缺压力、解决日益突出的环境污染问题、实现我国汽车产业结构调整和转型升级的任务。我国政府高度重视新能源汽车技术和产业发展，先后发布了《节能与新能源汽车产业发展规划 2012—2020》、《中国制造 2025》等一系列战略规划和推进政策，为我国新能源汽车发展明确了方向。

2.1 发展新能源汽车产业是推动经济发展方向转变，促进经济增长的战略需要

进入 21 世纪以来，全球能源与环境的问题异常严峻，新能源汽车技术的应用，能降低我们对石油的依赖程度，减少二氧化碳排放，取得明显的节能与环保效益。电动汽车产业化和运营商业化的发展，也为发展电动汽车关键零部件产业、电池和材料产业以及电力资源的合理利用提供了发展机会。另外，电动汽车的生产和推广使用将提供数以万计的就业机会，为城市带来新的经济增长点，同时还能推进下游行业的转型，带动一大批相关行业的快速发展，进而推动整个经济发展模式的转变，促进国民经济的可持续发展。

新能源汽车的引进，会使整个汽车的价值链发生变化，电动汽车产业链的建设一般需要三个环节：研发、汽车制造和利用（包括充电基站）。现在，在我们的传统产业里面，价值链上的利润主要是集中在上游，在石油开采、石油供应方面。当新能源汽车占主导地位的时候，它的价值链是发生变化的，是在汽车及其部件、电力供应，以及诸多围绕着新能源汽车而服务的那些产业发展，它的增值是在下游。新能源汽车是一个新的产品，它的生态系统不仅仅包括原始设备制造商和消费者，还有很多其他角色。比如说汽车经销商、零售商、服务中心、电池制造商，还有很重要的角色是电力工业、充电网络，这是它的整个生态系统。在推进新能源汽车产业的时候，也是一个推进其上下游产业链发展的过程，产生协同、辐射效应，进一步带动地区经济的发展。

车用燃料电池、蓄电池和电机是适应高效、清洁、经济、安全的新能源体系要求的技术，它们的发展将带动相关能耗设备的高效化和清洁化，加快我国新能源技术的发展步伐。新能源汽车同时为我国的能源安全和环境的改善做出贡献，由于电动汽车的电力可以从多种一次能源获得，如煤、核能、水能、风能、光和热等，解除人们对石油资源日渐枯竭的担心。在常规能源发电的基础上，随着电动汽车产业的发展，必然会带动相关新能源发电产业的发展，我们预计充电站未来将更多采用光伏屋顶发电系统作为补充，远期利好光伏行业的发展，为解决国内光伏产业产能过剩和促进国内光伏产业的发展提供了广阔的市场，进一步带动地方就业，促进当地经济发展。

2.2 发展新能源汽车产业是智能电网建设的重要内容

传统的电力系统，实际用电负荷的波动性与发电机组额定工况下所要求的用电负荷稳定性之间存在固有矛盾，如何处理电力系统的峰谷差一直是电网企业头疼的问题。我国电力装机已突破 8 亿千瓦，并将继续快速增长，但目前电站的年利用小时数仅为 5000 小时，也就是说，许多机组是为了应对电力系统短时间的峰值负荷而建设的,如果措施得法,建设6亿千瓦的装机容量就够用了。电动汽车作为分布式的储能装置,可以通过协调控制其充放电过程,使电动车不仅能通过电网充电,还能将电反馈给电网,使之在系统负荷高峰时放电、低谷时充电,实现系统的削峰填谷。同时通过电动汽车充放电优化控制,可以平抑风力和太阳能发电的波动,提高新能源发电的利用效益和电网接纳新能源发电接入的能力。比如,在晚上用电低谷时期,我们可以对电动车进行充电,将能量保存在电池里,然后在白天用电高峰期,由车辆向电网并网放电,将储备的电反馈给电网,这在一定程度上减轻了电网的供电负担,从而实现削峰填谷。现在中国高峰电力使用如此紧张,若以后电动车普及,依靠每家的电动车,也能起到一定程度的稳定电力的作用。那电动车将不仅是一个驾驶工具,更是一个利于民生的电力传导工具。那么峰谷差的问题就可以迎刃而解了。按照这样的设想建立起来的电网,将具有一定的自我调节能力,电力系统的发、输、配、售、用以及调度等各个环节将会形成有效的互动,成为一个智能化的有机整体,从而极大地提高电力系统的安全性和可靠性。可以预计,作为智能电网建设的重要组成部分,新能源汽车将带来电力系统的一场革命。

2.3 发展新能源汽车产业是降低环境污染的有效途径

电动汽车在本质上是一种零排放汽车,一般无直接排放污染物,间接的污染物主要产生于发电环节以及电池废弃物。如果从发电环节来看,风能、水能、核能的大力发展均可以给我们带来可观的清洁能源。单从污染严重的火力发电来看,其对大气污染的控制难度也大大低于燃油汽车。对于电池废弃物,目前回收技术日益成熟,并且当前也逐渐开发出了污染低、安全性好的新型蓄电池。所以无论是从直接还是间接污染来看,电动汽车都是现阶段最理想的"清洁车辆"。相关资料显示,电动汽车与同类燃油汽车相比,噪声要低5分贝以上,所以大规模推广电动汽车也有利于城市噪声污染的治理。

普通燃油汽车的汽油和柴油热效率分别为30%和40%,如果考虑到燃料的开采、炼制和运输,它们热效率的分别为17%和20%,而实际能量利用率仅达到15%和17%左右。电动汽车如果使用煤发电,并从发电到转化为车轮滚动的全过程来看,电池充电效率为90%,传动效率为80%,煤的发电效率为34%,输电效率为94%,则总效率可达23%左右。即使由重油发电,其总能量利用率也可达20%左右。如果电动汽车的电能来自其他更高效的发电方式,能量利用率将会更高。因此,电动汽车既可达到节能减排的目的,又可减少石油消耗。

2.4 发展新能源汽车产业是汽车工业发展的必由之路

汽车产业的发展始终伴随着石油消耗和大气环境污染的双重危机。汽车的迅速普及,在改善居民生活的同时也产生了诸如能源、环保等方面的问题。石油资源短缺与日益增长的汽车保有量之间的矛盾日益强化。汽车尾气排放是造成环境污染和全球温室气体排放的主要来源之一,随着汽车排放法规的日益严格,传统汽车将无法满足严格的环保要求,汽车工业转型已是大势所趋。

我国现已成为世界第一汽车生产和消费大国,但我国汽车产业的整体技术水平距世界先进水平还有很大的差距,一些关键技术和零部件都被国外企业所垄断。相对于传统汽车技术,我国在新能源汽车领域与发达国家的差距较小。中国节能与新能源汽车产业的发展应选择一种"过渡"和"转型"并行互动、协调发展的战略,全面提升传统汽车技术水平,发展节能汽车,解决近中期能源和环境问题,同时为新能源汽车发展奠定基础;同时,积极开发新一代能源动力系统,瞄准未来汽车竞争制高点,大力发展新能源汽车,加速能源动力系统转型进程。重点突破动力电池、驱动电机、电控等核心技术,推动纯电动汽车、插电式混合动力汽车的产业化,实现我国汽车工业的跨越式发展。

3. 发展新能源汽车的战略意义

近年来,我国汽车产销量持续保持世界第一,成为汽车制造大国和最大的汽车市场,我国汽车保有量迅速增长,截至2017年汽车保有量已达2亿辆,居世界第二。汽车产业已经成为国民经济重要的支柱产业,汽车也成为国民消费的重要领域。然而,汽车产业的持续健康发展必须突破石油资源短缺、环境污染、影响气候变化的瓶颈,新能源汽车便成为当前国际公认的主要发展方向,是我国从汽车大国到汽车强国的必由之路。在各类新能源汽车当中,纯电动汽车和插电式混合动力汽车成为近十年内实现大规模生产、替代传统汽车能源动力系统的关注焦点。此外,纯电动汽车和插电式混合动力汽车与智能电网、可再生能源紧密结合,对促进我国电力产业的转型升级具有重要意义。

1)近年来,随着我国经济社会的持续发展,汽车消费潜力不断释放,汽车产销量增长迅猛,汽车已经成为我国石油资源的消耗大户。随着汽车保有量的继续增长,全球各国都面临着能源紧缺的问题,石油资源在我国还相对匮乏,对石油进口依存度较高,我国石油资源短缺的挑战将更加严峻,如图1-2-1所示。发展新能源汽车对调节、优化道路交通领域能源结构,缓解我国对进口石油的高度依赖,保障国家能源安全,具有非常重要的战略意义,同时也是汽车产业持续较快增长的根本保障。要想实现我国汽车工业的持续发展,满足老百姓用车的梦想,就必须寻找能够与石油数量级相当的汽车新能源。

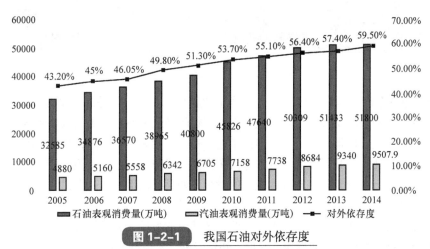

图 1-2-1　我国石油对外依存度

2)环境与发展是世界各国普遍关注的焦点问题。我国经济发展已经并将长期受到来自环境污染、气候变化带来的严重制约,不少中心城市的空气污染、PM2.5排放已经超过环境容量的极限,一些城市开始实施限制汽车消费和限制汽车使用的限行、限购政策,我国汽车工业的发展遇到了环境的瓶颈。发展不仅是满足当代人的需要,还要考虑和不损害后代人的生存条件。因此,保护人类赖以生存的环境成为世界共同关心的问题。为了人类的可持续发展,防治汽车污染已经成了刻不容缓的全球性问题,这就需要我们共同努力在科技创新、节能减排等方面来防治汽车污染。从环境角度说,现在城市空气污染的25%来自于汽车,如图1-2-2所示。使用石油作为燃料的汽车,无法根本解决有害物质排放的问题,必须开发低碳燃料、清洁能源的汽车已成为现代汽车行业发展的当务之急。

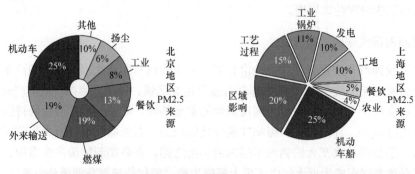

图1-2-2　汽车尾气污染

3）新能源汽车产业是我国确定的七大战略性新兴产业之一，是未来国际汽车竞争的焦点，同时更是我国汽车产业转型升级，实现汽车强国梦想的必经之路和难得的战略机遇。近年我国在传统汽车工业技术上已取得长足进步，但由于起步晚、基础薄弱等原因，目前我国尚不是汽车强国，与发达国家相比，尤其是欧美、日本等汽车强国，我们还有很大差距。随着新能源汽车技术的快速发展，汽车行业处于新一轮技术变革的时刻，如果我们不抓住这个机遇，我国汽车工业将面临新的一次落后，汽车核心技术将又一次掌握在他国手中。在《中国制造2025》的指引下完成科学的顶层设计和全面布局，从而凝聚全行业、全社会的力量，突破核心关键技术，抢占汽车技术国际制高点，推动新能源产业健康、有序、快速发展，实现汽车强国战略目标意义重大。

4）新能源汽车尤其是纯电动汽车和插电式混合动力汽车既是交通工具，同时又是分布式电能储备装置，它与智能电网的有机融合，具有实现削峰填谷的重要作用，可以提升发电设备的利用效率，同时在重大灾害期间还可以作为电力供给的重要补充。更重要的是，大力发展纯电动汽车和插电式混合动力汽车，能够更加有效地利用风能、太阳能等可再生资源，有助于我国电力能源结构的清洁化和智能电网的建设。

5）充电技术和充电基础设施是支撑纯电动汽车和混合动力汽车产业发展的必要条件。突破充电装备关键核心技术、多能源融合的电网智能控制技术，建设基于互联网的智能化服务体系，对实现汽车强国战略目标具有重要的支撑作用。

任务 3　新能源汽车发展现状及趋势

一、任务引入

新能源汽车代表着未来汽车发展方向,其在全球范围内所占的比例正在迅速增长,寻找清洁的替代能源作为汽车动力,一直是各国努力探索的目标,新能源汽车因此得到高度重视。那么目前来看新能源汽车发展是什么现状呢?它的发展趋势又如何?

二、任务要求

知识要求:

- 熟悉当前国内外新能源汽车发展状况。
- 了解国内外新能源汽车发展趋势。

职业素养要求:

- 严格执行汽车检修规范,养成严谨科学的工作态度。
- 尊重他人劳动,不窃取他人成果。
- 养成总结训练结果的习惯,为下次训练积累经验。
- 养成团结协作的精神。
- 严格执行 5S 现场管理。

三、相关知识

2015 年 5 月 8 日,国务院发布了《中国制造 2025》,提出了中国制造强国建设三个十年的"三步走"战略。之后,工信部披露了《中国制造 2025》中节能与新能源汽车产业发展的十年战略目标。对于节能与新能源汽车产业的发展,《中国制造 2025》提出纯电动和插电式混合动力汽车、燃料电池汽车、节能汽车、智能互联汽车是国内未来重点发展的方向,并分别提出了 2020 年、2025 年的发展目标。

根据工信部数据显示,2015 年累计生产新能源汽车 37.90 万辆,同比增长 4 倍,销售 33.11 万辆,同比增长 3.4 倍,在全球新能源汽车超过 50 万辆的年销量中,中国市场的贡献超过一半。中汽协 2016 年 1-2 月数据显示,新能源汽车销量 3.57 万辆,同比增长 1.7 倍,新能源汽车加速步入高速成长期。我国已经超越美国成为全球最大的新能源汽车生产国和消费国。

1. 纯电动汽车和插电式混合动力汽车国际发展现状

目前新能源汽车和充电设施在全球得到快速发展。

1.1 整车国际发展现状

(1)美国现状

美国政府将较为成熟的混合动力汽车技术作为目前电动汽车的主流技术大力推广,其本土企业特斯拉、通用和福特的新能源汽车发展强劲。这其中，部分车企如特斯拉针对高端消费人群，主攻纯电动汽车领域；另一方面，像通用和福特则针对中等收入家庭市场主打插电式混合动力汽车。

纯电动车型以特斯拉的 Model S 和 Model X 为代表。Model S 车型包括单电机后轮驱动和双电机全轮驱动两种形式，搭载 85kW·h 或 60kW·h 锂离子电池，0~100km/h 加速时间约为 5.7s，续航里程最高达 502km。Model X 高性能版本 P90D 采用双电机四轮驱动，0~100km/h 加速时间仅为 3.4s，续航里程最达 467km，最高车速为 250km/h。2016 年发布的 Model 3 采用了钢铝混合车身，电池采用比能量达 315W·h/kg 的 20700 三元材料电池，续航里程达到 346km。

插电式混合动力车型的代表是通用公司的 Volt 和福特公司的 Fusion Energi。2016 款 Volt 采用 1.5L 排量、压缩比 12.5:1 的直喷发动机和两个电机，电池容量为 18.4kW·h，纯电续航里程为 80km，0~100km/h 加速时间约为 8.4s。全新 Fusion 的纯电续航里程为 34km。

在市场方面，美国纯电动和插电式混合动力汽车销量近年来保持增长态势，2015 年美国市场销量为 11.6 万辆，排在中国之后为全球第二。

（2）日本现状

日本在 2011 年前拥有世界上最大的纯电动汽车消费群，日产的 Leaf 和三菱的 iMiEV 电动车是纯电动汽车的代表车型。2016 款 Leaf 搭载单体比能量约 157W·h/kg 的 30kW·h 电池组，采用峰值功率 80kW、最大转矩 254N·m 的电机，续航里程达到 172km。

日本企业的混合动力技术已经非常成熟，以混合动力车型为基础，可快速开发出插电式车型，主要有丰田、本田、三菱、日产的车型。丰田的普锐斯插电式混合动力版汽车，搭载 1.8L 阿特金森循环发动机，整备质量 1350kg，电机的最大输出功率为 66kW，所用的锂电池容量为 9.8kW·h，纯电动行驶里程为 56km，燃油经济性方面具有明显优势。在市场方面，日本纯电动汽车和插电式混合动力汽车销量在 2014 年达到 3.16 万辆的顶峰。

（3）欧洲现状

欧洲的纯电动汽车以德国车型为代表。大众 E-Golf 采用一台峰值功率为 85kW、峰值转矩 270N·m 的永磁同步电机，0~100km/h 加速时间为 10.4s，最高车速为 140km/h，采用 24.2kW·h 锂离子电池组，整车质量 1510kg，续航里程为 190km；宝马 i3 则采用全新的车身设计，车身采用全碳纤维材质，锂离子电池组与底盘一体化设计，底盘由铝合金材质制造，整车质量仅为 1255kg，电机峰值功率为 125kW，峰值转矩为 250N·m，最高车速 150km/h，0~100km/h 加速时间 7.2s，电池容量为 19kW·h，续航里程为 160km。

欧洲的插电式混合动力汽车发展较为成熟，宝马 530Le 装备 2.0L 涡轮增压汽油发动机，最大功率为 160kW、最大转矩为 310N·m，电机峰值功率 70kW、峰值转矩为 250N·m，0~100km/h 加速时间为 7.1s，最高车速为 233km/h，纯电动模式下最高车速为 120km/h，纯电动行驶里程可达到 58km。

在市场方面，2015 年欧洲纯电动汽车和插电式混合动力汽车销量排名前 4 位的国家分别是挪威、英国、法国和德国。其中，挪威是全欧洲纯电动汽车和插电式混合动力汽车占有率最高的国家。随着宝马、奥迪、沃尔沃等企业的插电式混合动力车型的陆续上市，欧洲插电式混合动力汽车市场份额逐步上升，2016 年上半年，纯电动汽车与插电式混合动力汽车市场推广比例已接近 1:1。

纯电动汽车方面，车身结构多进行了重新设计或全新开发，部分车型采用了电池箱体与底盘一体化的设计方案。它们采用轻量化材料有效减轻车身重量，并对悬架、转向、电动附件进行重新匹配，同时提高整车 NVH 性能及可靠性；采用新设计的仪表及中控，人机交互和信息化程度得到了很大提高；十分注重电池包的安全性设计，电池的比能量在逐步提高，但并不一味地追求续航里程，电池的安全性能和可靠性能依然是首要考虑因素。

在插电式混合动力汽车方面，多种插电式混合动力路线并存，混合动力专用发动机趋于向高压缩比、高热效率及轻量化发展，混合动力机电耦合结构更加紧凑，功率控制单元趋向于集成，动力性和安全性更加优秀，混合动力工况下油耗不断降低，纯电动行驶里程趋向更长。

1.2 关键零部件国际发展现状

（1）电机与电机控制器

当前，国际上电动汽车使用的电机依然是永磁和非永磁电机并存。由于永磁电机具有效率高、比功率高、功率因数大等优点，越来越多的电动汽车趋向于采用永磁电机驱动系统，但也有不少车型采用感应电机。

大陆集团研制出了用于电动汽车的电励磁同步电机，其峰值功率70kW，最高转速12000r/min。美国特斯拉纯电动汽车采用了异步电机。通用 Volt、丰田普锐斯、奥迪 e-tron 和宝马 e 系列为代表的国际主流整车企业的产品采用的电机峰值比功率可达 3.8kW/kg，从电机转速来看，国外电机转速最高可达 16000r/min。

从用于分布驱动的轮毂/轮边电机来看，米其林开发出集成悬浮驱动电机及减速机构的电动轮；英国 Protean 轮毂电机采用一体化结构，电机输出能力也能达到 80kW/800N·m；德国 Fraunhofer 将轮毂电机与电力电子控制器实施一体化集成。但是，至今搭载轮毂电机的量产车为数不多，大规模产业化面临诸多挑战。

从控制器来看，国际先进水平控制器的密度为 12~16kW/L，近年来随着碳化硅和氮化镓为代表的第三代宽禁带功率半导体技术及产品的发展，国外企业（特别是日本和美国）不断推出碳化硅电力电子集成控制器或充电产品样机，全碳化硅半导体控制器功率密度比硅基半导体控制器提升数倍以上，国外某些碳化硅半导体控制器产品样机已经处于装车试运行状态。

（2）动力电池与电池管理系统

中、日、韩、美、德等国是目前锂离子电池研发、产业化及国际标准化的主要参与者和推动者。总体来看，美国在原始创新方面优势明显，日本在技术研发方面领先，韩国在产值方面最大，中国在产能方面最大。韩国在锂离子电池基础研发、原材料、生产装备及电池产业化技术等方面投入巨大，进展迅速，建立了相对完整的锂离子电池产业链。日本拥有世界上先进的锂离子电池基础材料和装配制造及产业化技术。日本车载能源储存公司的电池产品配备了 15 万辆日产 Leaf 电动汽车。韩国 LG 是通用增程式混合动力汽车电池的主供应商。三星 SDI 为德国宝马、大众、奔驰等配套锂离子动力电池，成为国际主流电池供应商。

基于新材料、新结构的高比能动力电池技术已经成为国际竞争的焦点。在美国、日本、德国、韩国及欧盟其他成员国等国家的科技规划以及重点企业战略规划中，高性能电池材料、高性能锂离子动力电池、高性能电池包、电池管理系统、热管理技术、电池标准体系、下一代锂离子动力电池、电池梯级利用及回收技术、电池生产制造技术及装备技术等都是关注的内容。国外电池生产企业采用高效、全自动、人员非接触式生产，行业合作模式也发生了变化，电极片制造、单体电池和模块制造逐步形成更加明确的分工。在欧洲，以德国为代表，各国均进行了长远的规划，首先制定了动力电池可制造的结构标准，统一汽车企业、电池企业和装备企业的标准。目前，德国 Manz、西门子和意大利 Kemet 等均开展动力电池装配生产线的研究，并推出生产质量在线监测技术和无人接触自动化装配生产线。国外动力电池工艺装备水平在制浆技术及装备、涂布技术、组装生产线、制造过程在线检测技术等单项技术方面，在单元自动化、流程自动化、集成一体化、非接触生产方面，在制造技术及管理控制一体化、制造执行系统制造全过程生产方面处于领先地位。

1.3 充电基础设施国际发展现状

（1）美国现状

美国已经启动了多项充电设施建设规划。2009 年 10 月，美国国家能源部启动了大规模充电基础设施完善项目，由充电桩生产商和日产汽车公司合作，三年内在五个州试点推广 4700 辆日产 Leaf 轿车，并建成 11210 个充电桩。2013 年 1 月，美国发布了《电动汽车普及大挑战蓝图》，力图在十年内，使美国成为世界上第一个能够生产每户家庭都能够负担得起的插电式电动汽车的国家，同时该计划也提出了发展充电基础设施建设，目标是在未来五年，使工作场所的充电设施数量增长 10 倍。

（2）日本现状

日本指定了《下一代汽车战略 2010》发展规划，其中"国家、地方政府及产业界合作共同推进充电基础设施建设"是日本推进的总体思路。充电基础建设的主体为私营公司，政府和整车企业为充电基础设施的建设提供支持。日本以常规交流充电桩来保证电动汽车的基本充电需求，以快速直流充电桩作为补充。快速直流充电桩设在汽车销售店、便利店等公共场所，公共普通交流充电桩主要建设在汽车销售店、酒店、停车场、购物中心等。截止到 2015 年年初，日本在全国建设的充电桩数量已经达到四万个，超过了传统加油站的数量。

（3）欧洲现状

欧盟在 2010 年发布的"清洁与节能汽车发展欧洲战略"中提出，欧洲发展基础设施的战略是推动欧盟统一的标准，实现所有的电动汽车在欧洲任何地方实现无障碍充电。2014 年，欧盟正式发布了替代燃料基础设施指令，在充电桩数量方面，要求成员国在 2020 年建设合理数量的充电设施，建议最少达到平均十辆电动汽车共用一个充电设施。

在充电技术方面，国外充电设施网络在构型、新型充电模式、协同控制方式、网络化互联互通应用等方面正处在由分体机向一体机、由单机控制向集群控制、由固定模块向灵活组合动态适配、由孤立向移动物联信息感知和智能化应用的技术演变过程中，充电技术整体上正趋向更安全、便捷、节能高效、高比功率及智能灵活服务模式。

2. 我国纯电动汽车、插电式混合动力汽车及汽车充电基础设施发展现状

2.1 关键技术和研发能力发展现状

"十五"期间是我国电动汽车打基础的阶段（图1-3-1）。国家 863 计划"电动汽车重大科技专项"确立了以混合动力汽车、纯电动汽车、氢燃料电池汽车为"三纵"，以多能源动力总成控制系统、驱动电机和动力电池为"三横"的三纵三横研发布局，全面组织启动大规模电动汽车技术研发，为我国电动汽车发展奠定了技术基础。

"十一五"期间是我国电动汽车的考核阶段，组织实施了节能与新能源汽车重大项目，继续坚持"三纵三横"的总体布局，围绕"建立技术平台，突破关键技术、实现技术跨越""建立研发平台，形成标准规范，营造创新环境"和"建立产品平台，培养产业生态、促进产业发展"三大核心目标，全面开展电动汽车关键技术研究和大规模产业化技术攻关（图1-3-2）。

项目1 国内外新能源汽车现状与发展趋势

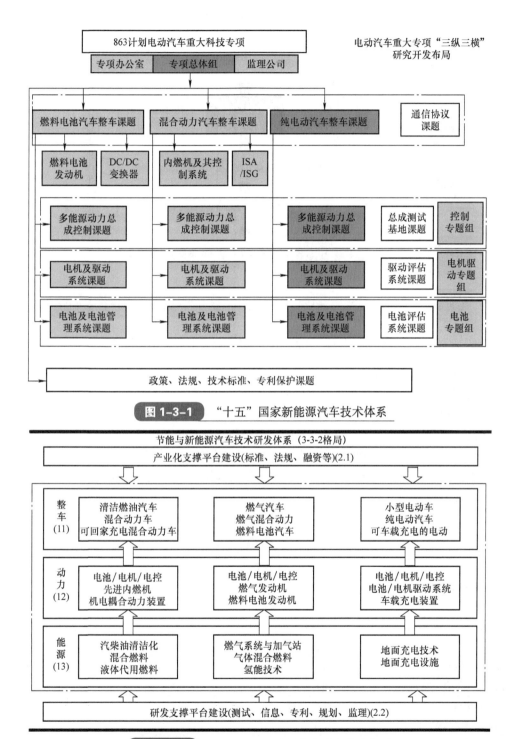

图 1-3-1 "十五"国家新能源汽车技术体系

图 1-3-2 "十一五"国家新能源汽车技术体系

"十二五"期间是我国电动汽车从示范考核到产业化启动阶段,组织实施了电动汽车科技发展重点专项,紧紧围绕电动汽车科技创新与产业发展的三大需求,继续坚持"三纵三横"研发布局,更加突出"三横"共性关键技术,着力推进关键零部件技术、整车集成技术和公共平台技术的攻关与完善、深化与升级,形成"三横三纵三大平台"战略重点与任务布局(图1-3-3)。

17

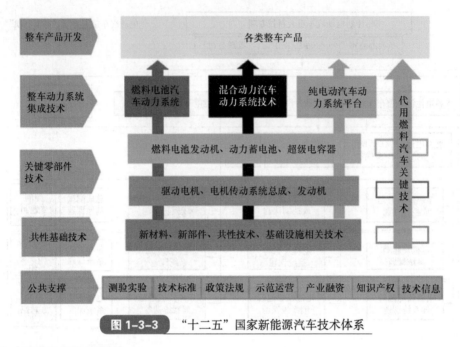

图 1-3-3 "十二五"国家新能源汽车技术体系

2.2 纯电动车发展现状

纯电动汽车是我国新能源汽车的主要类型之一。国家自"十五"以来,在纯电动汽车项目研发中投入巨额资金,对纯电汽车予以支持,我国纯电动乘用汽车技术取得巨大进展,续航里程、可靠性、安全性、动力性水平不断提高,车辆整车技术水平接近国外汽车公司,经济性和综合效益水平持续优化,具备商业推广的条件。以下选取来自不同车厂的 5 款主流纯电动汽车,这些车基本代表了该厂的最新技术及理念,通过车型关键参数对比,窥探纯电动汽车发展变化及趋势,见表 1-3-1~表 1-3-5。

表 1-3-1 北汽 EV200 纯电动车参数

北汽 EV200 纯电动车	
厂商指导价	22.69 万 ~24.69 万元
2015 年中央财政补贴	4.5 万元
质保	6 年或 20 万 km
长 × 宽 × 高 /mm×mm×mm	4025×1720×1503
轴距 /mm	2500
最高车速 /(km/h)	125
续航里程（综合工况）/km	200
动力电池类型	SK 三元锂电池
动力电池能量 /kW·h	30.4
充电方式及时间	家用 220V 电源 6~8h 充满；家用慢充 6~8h 充满；快充 0.5h 充至 80%，1h 充满；移动救援补电车 0.5h 充至 80%；经销商门店免费充 3 年
驱动电机类型	高效永磁同步电机
驱动电机峰值功率 /kW	53
驱动电机峰值转矩 /N·m	180

项目 1　国内外新能源汽车现状与发展趋势

表 1-3-2　江淮 iEV5 纯电动车参数

江淮 iEV5 纯电动车	
售价	8.98 万元（享受中央地方两级补贴后售价）
2015 年中央财政补贴	4.5 万元
质保	5 年或 10 万 km
长 × 宽 × 高 /mm × mm × mm	4320 × 1710 × 1515
轴距 /mm	2490
最高车速 /（km/h）	120
续航里程（综合工况）/km	200
动力电池类型	三元锂电池
动力电池能量 /kW·h	23
充电方式及时间	慢充 8h，快充（充至 80% 电量）1h
驱动电机类型	液冷永磁同步电机
驱动电机峰值功率 /kW	50
驱动电机峰值转矩 /N·m	215

表 1-3-3　奇瑞 eQ 电动车参数

奇瑞 eQ 电动车	
厂商指导价	无地方补贴：6.98 万 ~7.48 万元；有地方补贴：5.98 万 ~6.48 万元
2015 年中央财政补贴	4.5 万元
质保	整车三年或 6 万 km；核心部件 5 年或 10 万 km
长 × 宽 × 高 /mm × mm × mm	3564 × 1620 × 1527
轴距 /mm	2340
最高车速 /（km/h）	100
续航里程 /km	200
动力电池类型	镍钴锰锂三元电池
动力电池能量 /kW·h	22.3
充电方式及时间	慢充 8~10h；快充 1~2h 充至 80%
驱动电机类型	永磁同步电机
驱动电机峰值功率 /kW	41.8
驱动电机峰值转矩 /N·m	150

表 1-3-4　众泰云 100 电动车参数

众泰云 100 电动车	
厂商指导价	15.89 万元
2015 年中央财政补贴	4.5 万元
质保	5 年或 10 万 km
长 × 宽 × 高 /mm × mm × mm	3559 × 1620 × 1476
轴距 /mm	2360
最高车速 /（km/h）	80
续航里程 /km	>150
动力电池类型	镍钴锰锂三元电池
动力电池能量 /kW·h	18
充电方式及时间	家用 220V 电源 6~8h；380V 快速充电模式下，40min 充至 80% 的电量
驱动电机类型	交流异步电机
驱动电机峰值功率 /kW	18
驱动电机峰值转矩 /N·m	120

表 1-3-5　日产晨风电动车参数

日产晨风电动车	
厂商指导价	26.78 万 ~28.18 万元
2015 年中央财政补贴	4.5 万元
质保	5 年或 10 万 km
长 × 宽 × 高 /mm × mm × mm	4467 × 1771 × 1549
轴距 /mm	2700
最高车速 /（km/h）	144
续航里程 /km	175
动力电池类型	薄片型高效能锰酸锂离子电池
动力电池能量 /kW·h	24
充电方式及时间	快充：3min 就可维持车辆行驶 30km，5min 可续航 60km，30min 可达到电池总电量的 80%。家用 220V 充电桩，6.6kW 版本需要 4h 充满，3.6kW 版本 8h 充满
驱动电机类型	永磁同步电机
驱动电机峰值功率 /kW	80
驱动电机峰值转矩 /N·m	254

在整车集成方面，目前我国已基本掌握纯电动汽车动力系统和车身结构设计与评价技术、基于整车性能提升及硬点优化的底盘匹配技术、高压系统安全设计、电驱动系统的集成与标定、电气系统总线架构、仪表等关键零部件的匹配控制，以及整车总体布置与性能集成优化技术；同时我国已经基本掌握了纯电动汽车产品性能优化和评价技术，包括整车及关键零部件的性能、耐久性、可靠性试验与评价技术，还有基于计算机辅助工程方法的碰撞安全技术、NVH 优化技术、EMC 优化技术；此外，铝合金、碳纤维等复合材料，镁合金等也开始在电动汽车整车及其零部件上得到应用。

2.3　插电式混合动力汽车发展现状

进入"十二五"以来，国内企业加大了插电式混合动力汽车关键技术的研发和产品研发力度，部分企业的车型整车主要技术指标与国际先进水平基本相当并已批量上市。以下选取来自不同车厂的 4 款主流插电式混合动力汽车，通过车型关键参数对比，窥探纯电动汽车发展变化及趋势，见表 1-3-6~ 表 1-3-9。

表 1-3-6　比亚迪秦双冠版参数

比亚迪秦双冠版	
厂商指导价	20.98 万 ~21.98 万元
2015 年中央财政补贴	3.15 万元
质保	整车 6 年或 15 万 km 的质保以及电芯终身保修
长 × 宽 × 高 /mm × mm × mm	4740 × 1770 × 1480
轴距 /mm	2670
最高车速 /（km/h）	185
综合工况油耗 /（L/100km）	1.6
综合工况纯电续航里程 /km	70
动力电池类型	磷酸铁锂电池
动力电池能量 /kW·h	13
充电方式及时间	家用 220V 电源，满电需 4~5h
驱动电机类型	—
驱动电机峰值功率 /kW	110
驱动电机峰值转矩 /N·m	250

表 1-3-7　荣威 550PLUG-IN 插电式混合动力轿车参数

荣威 550PLUG-IN 插电式混合动力轿车	
厂商指导价	24.88 万~25.98 万元
2015 年中央财政补贴	3.15 万元
质保	整车 3 年或 10 万 km；电池 5 年或 10 万 km
长×宽×高 /mm×mm×mm	4648×1827×1479
轴距 /mm	2705
最高车速 /（km/h）	200
综合工况油耗 /（L/100km）	2.3
综合工况纯电续航里程 /km	58
动力电池类型	磷酸铁锂电池
动力电池能量 /kW·h	11.8
充电方式及时间	100% 充满电慢充耗时 6~8h
驱动电机类型	—
驱动电机峰值功率 /kW	23（ISG）+44（TM）
驱动电机峰值转矩 /N·m	147（ISG）+317（TM）

表 1-3-8　传祺 GA5 增程式电动车参数

传祺 GA5 增程式电动车	
厂商指导价	19.93 万~21.93 万元
2015 年中央财政补贴	3.15 万元
质保	3 年或 10 万 km
长×宽×高 /mm×mm×mm	4800×1819×1484
轴距 /mm	2710
最高车速 /（km/h）	150
纯电续航里程（等速工况）/km	80
动力电池类型	磷酸铁锂电池
动力电池能量 /kW·h	13
充电时间	4~6h
驱动电机类型	永磁同步电机
驱动电机峰值功率 /kW	94
驱动电机峰值转矩 /N·m	225

表 1-3-9　宝马 530Le 插电式混合动力车参数

宝马 530Le 插电式混合动力车	
厂商指导价	69.86 万元
2015 年中央财政补贴	3.15 万元
整车质保	三年或 10 万 km
长×宽×高 /mm×mm×mm	5055×1860×1481
轴距 /mm	3108
最高车速 /（km/h）	233
综合工况油耗 /（L/100km）	2.0
综合工况纯电续航里程 /km	58
动力电池类型	锂离子电池
动力电池能量 /kW·h	11.4
充电方式及时间	家用充电墙盒 >3h
驱动电机类型	—
驱动电机峰值功率 /kW	70
驱动电机峰值转矩 /N·m	250

在商用车方面，国内自主掌握了插电式混合动力汽车多能源动力系统的整车控制、高功率电机系统、混合动力自动变速器、增程式辅助功率发电单元等关键技术，双电机串并联、AMT并联等不同技术路线具有不俗的市场表现。

2.4 关键零部件

（1）驱动电机及控制器

在驱动电机方面，我国基本掌握了先进的电磁设计技术和多目标高性能车用电机的极限设计与多领域精确分析，以及系统集成仿真技术，实现了电机与变速器在机械、电磁、热管理方面的高度一体化设计及应用；开发出的系列电机接近国际先进水平，驱动电机效率与国际先进水平相当。

在电机控制器方面，我国基本掌握了电机软硬件集成开发技术；基本掌握了转速传感器、膜电容、电流传感器等电器元件的关键技术并实现国产化，基本掌握了电机控制系统与DC/DC、车载充电器的集成技术以及驱动电机与传统系统的集成技术并得到产业化应用。

（2）动力电池与电池管理系统

我国已经基本掌握了磷酸铁锂、锰酸锂、三元材料的前驱体、石墨负极材料、钛酸锂负极材料、电解液和PP/PE隔膜、电池单体研发及制造等核心技术，其技术水平与国外水平基本相当。动力电池的正极材料、负极材料电解液和隔膜实现了国产化，并开始进入国际动力电池生产企业供应体系。

（3）整车电控系统

国内已初步具备了从系统、软件到硬件的电控系统三层级开发能力，硬件设计逐步趋于成熟，硬件产品实现批量生产，控制器的硬件性能及成本逐渐向国际水平靠拢。

（4）车载充电机

我国已经基本掌握了车载充电机的设计开发技术，与国际水平接近，具有较完整的安全防护功能和较宽的电压输入输出适应性及应对电网频繁波动的能力。

综上所述，我国在纯电动汽车和插电式混合动力汽车整车、关键零部件核心技术领域取得了长足进步，并逐步形成国际竞争能力；然而，在高速轴承、耐电晕绝缘材料、数字信号处理、汽车级功率半导体以及稀土深加工工艺技术和产品等方面亟待取得突破，摆脱对国外进口的依赖。

2.5 充电基础设施

在科技计划的支撑和引导下，我国基本掌握了电动汽车充换电设施高效能量变换、充换电过程控制、有序充电、仿真、计量、安全经济性评估等核心技术，开发了满足交流慢充、直流快充、电池更换等不同应用需求的充换电设备和系统，产品技术水平与国际先进水平基本相当。

我国已经开展电动汽车充换电服务网络运营平台关键技术的研究，实现了同一运营平台下电动汽车路径导航、预约充电、扫码充电、计费结算和资产管理等服务功能，但目前对跨车与外部电网互动技术、电动车之间充放电技术研究，以及基于应急充电车的电动汽车充电技术研究还有欠缺。

2.6 纯电动与插电式混合动力汽车产业和市场发展现状

在国家密集出台的购置补贴、免征购置税、政府采购、充电设施建设奖励等力度空前的政策支持和相关规划引导下，整个产业链——整车、零部件、上游原材料企业产品开发和产业化

项目1 国内外新能源汽车现状与发展趋势

投入逐年加大，产品公告数量、投放市场产品种类迅速增多，产销规模飞速增长。据权威数据统计，我国早在2009年汽车产销分别为1379.10万辆和1364.48万辆，同比分别增长48%和46%，超越美国成为全球汽车产销第一大国。到2015年，我国汽车产销量已经连续7年全球第一。但从国内市场来看，自主品牌并没有占据绝对领先的地位。在政策的大力扶持下，2015年我国新能源乘用车市场跃升为全球第一市场，国内汽车厂商也取得了突出的成绩。

2015年全球新能源车销量排名前20的车企中，国内的比亚迪、康迪、众泰、北汽新能源、奇瑞、上汽荣威、江淮和沃尔沃等8个车企上榜，几乎占据了半壁江山。这8个车企共销售17.72万辆，占据全球新能源乘用车市场份额的32.32%。另外，比亚迪2015年新能源乘用车销量达到6.17万辆，跃升为全球第一，见表1-3-10。

表1-3-10 2015年全球新能源乘用车车企销量排名

排名	公司	2015年销量	市场份额	2014年排名
1	比亚迪	61726	11.26%	7
2	特斯拉	50574	9.23%	3
3	三菱	48204	8.79%	2
4	日产	47671	8.70%	1
5	大众	40148	7.32%	11
6	宝马	33412	6.09%	9
7	康迪	28055	5.12%	10
8	雷诺	27282	4.98%	8
9	众泰	24516	4.47%	13
10	福特	21326	3.89%	5
11	雪佛兰	20233	3.69%	4
12	北汽新能源	17040	3.11%	15
13	奇瑞	14162	2.58%	12
14	奥迪	12123	2.21%	25
15	上汽荣威	11123	2.03%	22
16	奔驰	10870	1.98%	24
17	江淮	10420	1.90%	23
18	沃尔沃	10161	1.85%	16
19	起亚	7626	1.39%	20
20	保时捷	6532	1.19%	17

从全球新能源乘用车畅销车型排行来看，在前20款车型中，比亚迪秦、康迪K11熊猫EV、比亚迪唐、北汽E系列EV、众泰Z100/云EV、荣威550 PHEV、江淮iEV和康迪K10 EV等

8款车型上榜。销量排行第一位被特斯拉 Model S 夺得，2015 年共销售 50366 辆，而比亚迪秦和唐共销售 50273 辆，与榜首差距不到 100 辆，见表 1-3-11。2015 年特斯拉在我国香港、美国、澳大利亚、瑞士、芬兰、丹麦等多个国家和地区夺得新能源乘用车销量榜首。

表 1-3-11　2015 年全球畅销新能源乘用车车型

排名	车型	2015 年销量	市场份额	2014 年排名	类型
1	特斯拉 Model S	50366	9.19%	3	纯电动
2	日产聆风	43870	8.00%	1	纯电动
3	欧蓝德 PHEV	43259	7.89%	2	插电式混合动力
4	比亚迪秦	31898	5.82%	7	插电式混合动力
5	宝马 i3	24083	4.39%	6	纯电动
6	康迪 K11 熊猫 EV	20390	3.72%	26	纯电动
7	雷诺 Zoe	18846	3.44%	9	纯电动
8	比亚迪唐	18375	3.35%	N/A	插电式混合动力
9	雪佛兰沃蓝达	17508	3.19%	4	插电式混合动力
10	高尔夫 GTE	17282	3.15%	33	插电式混合动力
11	北汽 E 系列 EV	16488	3.01%	16	纯电动
12	众泰 Z100/ 云 EV	15467	2.82%	N/A	纯电动
13	大众 e- 高尔夫	15356	2.80%	21	纯电动
14	奥迪 A3 e-Tron	11962	2.18%	37	插电式混合动力
15	荣威 550 PHEV	10711	1.95%	34	插电式混合动力
16	江淮 iEV	10420	1.90%	35	纯电动
17	福特	9894	1.80%	9	插电式混合动力
18	福特	9643	1.76%	11	插电式混合动力
19	康迪 K10 EV	7665	1.40%	10	纯电动
20	起亚 Soul EV	7510	1.37%	27	纯电动

纵观我国纯电动、插电式混合动力汽车产业状况，总体表现出生产企业很多、明星企业很少、产品种类繁多、优秀产品稀少、总量世界第一、单车型销量排位靠前不多的情形。

3. 纯电动、插电式混合动力汽车发展趋势

3.1　与传统动力汽车发展趋势的差异

与传统燃油动力汽车相比，纯电动汽车、插电式混合动力汽车的发展趋势呈现出动力系统高效化、整车轻量化、车辆与外部环境网联化、电子设备智能化的特点，见表 1-3-12。

表 1-3-12　新能源汽车关键技术性能对比

	混合动力 Hybrid Electric Vehicle	纯电动 Purely Electric Vehicle	燃料电池 Fuel cell Vehicle	燃气	生物燃料	煤制醇醚	新型燃油
关键技术	电池/电机/动力管理系统技术	电池/电机/动力管理系统技术	燃料电池技术	LPG/LNG/CNG 技术	生物乙醇/柴油技术	煤制甲醇/二甲醇技术	清洁柴油/新配方汽油技术
能量来源	石油/电力	电力	氢/电力	石油/天然气	粮食/非粮食作物/动植物油脂	煤炭	石油
车辆性能	好	中	中	差	中	中	较好
排放质量	较好	好	好	中	中	中	差
购车成本	较高	高	高	较低	较低	较低	低
能量密度	较好	差	差	中	中	中	好
能量易存储性	中	好	差	中	中	中	好
能量转换效率	好	较好	较好	中	差	差	中
燃料成本	较低	较低	高	中	中	较低	中
资源丰富性	中	较好	好	中	差	中	差
加油/电便利性	好	差	差	中	中	中	好

（1）动力系统高效化

电驱动系统高效化取决于驱动系统各关键零部件指标的有效提高和动力总成与传动系统的集成优化。乘用车驱动电机的重点是提高有效比功率，商用车驱动电机的重点是提高有效比转矩，开发拓宽转速范围、改善转矩密度的混合励磁型驱动电机，进一步提高电机的材料利用率；插电式混合动力汽车重点开发混合动力专用的阿特金森循环发动机，应用复合增压技术、高压 GDI 技术、HCCI 技术、辅助系统电动化技术；发电机、电动机、传动系统集成优化，进一步提高动力系统的综合效率与整车能量效率；轮毂电机将在纯电驱动汽车上逐步应用，提升整车的操控性能、动力性能和整车效率。

（2）车身及零部件设计轻量化

电动汽车车身逐步由传统车型改制而来转变为全新开发，并大量应用铝合金挤压件、冲压件和铸件，乘用车可使用碳纤维增强复合材料；内饰大量采用长纤维增强热塑性复合材料；逐步应用铝合金悬架及副车架、镁合金轮辋等。

在纯电动和插电式混合动力汽车轻量化的过程中，动力电池系统的轻量化举足轻重。电池系统的热管理技术、故障诊断技术及安全防护技术、电池均衡及剩余电量估计技术的研究将持续深入，为未来高比能量电池的安全应用打下基础；电池包机械结构设计与车身结构设计相结合，最大限度地提升电池包的安全性和电池包的比能量，从而在保证安全的前提下，显著提升整车的轻量化水平。

（3）电动车辆的网联化与智能化

出于安全性和电动汽车能量控制的需要，智能化传感器设备（低成本雷达、车载视觉系统）搭载、高清地图应用、多元信息融合，实施与车辆外界的高速通信以及与智能电网的高度融合，同时，电动汽车也是智能化、网联化最佳的车辆平台。

3.2 纯电动汽车和插电式混合动力汽车发展愿景

作为我国七大战略性新兴产业之一,《中国制造2025》的十大领域之一,未来15年纯电动汽车和插电式混合动力汽车的产销量将占到汽车总产销量相当比例,占汽车保有量的比例将逐年快速提升,成为道路交通领域落实我国建设"创新、协调、绿色、开放、共享"社会的重要举措。

(1) 保障能源安全

大规模普及应用纯电动和插电式混合动力汽车,改变和优化我国道路交通能源结构,大幅减少石油资源消耗,降低对外依存度,保障国家能源安全。

(2) 保护大气环境

大规模普及应用零排放纯电动汽车和超低排放插电式混合动力汽车,大幅减少交通领域造成的温室气体排放和大中城市空气污染,保护区域大气环境,减缓全球气候变暖。

(3) 保障国民经济绿色可持续发展

作为国民经济的支柱产业,我国汽车产业的可持续发展对国民经济的发展举足轻重。大规模普及应用零排放纯电动汽车和超低排放插电式混合动力汽车是汽车产业突破能源、环境瓶颈的重要举措,是国民经济绿色、可持续发展的重要保障之一。

(4) 实现"汽车强国梦"的必由之路

以纯电动和插电式混合动力汽车为代表的新能源汽车是未来国际汽车领域竞争的制高点。大力发展纯电动和插电式混合动力汽车可有效提高我国汽车产业国际竞争力,助推"汽车强国梦"的实现。

3.3 纯电动汽车和插电式混合动力汽车发展总目标

通过10~15年的发展,到2030年实现我国纯电动汽车和混合动力汽车以及充电基础实施总体目标如下:

1) 全面掌握纯电动汽车、插电式(含增程式)混合动力汽车整车、零部件的核心关键技术,科技创新能力和产品技术能力达到国际一流水平;建成具有国际较强竞争力的、国际一流水平的完整的产业体系;形成若干具有国际影响力的整车、关键零部件企业品牌。

2) 全面掌握智能电网、充电装备核心关键技术,科技创新能力和产品技术水平达到国际领先水平,形成若干个具有国际影响力的企业品牌。

3) 纯电动汽车、插电式混合动力汽车产品质量达到国际先进水平,基本实现汽车能源动力系统的转型升级;整车企业走出国门,整车产品规模化进入发达国家市场,核心关键零部件全面融入国际高端整车品牌的全球采购体系中并占据相当份额。

4) 充电系统、关键装备企业走出国门,进入发达国家市场,成套装备全面融入顶级品牌系统集成商的全球采购体系并占据相当份额。

4. 氢燃料电池汽车发展现状

4.1 氢燃料电池汽车发展阶段

氢燃料电池汽车发展大致可分为四个阶段:2000年之前主要完成了氢燃料电池汽车的概念设计和原理性验证;2000年之后开始大力投入开展氢燃料电池技术攻关研究,并陆续进行了技术验证性示范考核;2010年开始在特定用途领域商业化并取得成功;2015年之后乘用车开始面向部分区域的私人用户销售,初步进入商业化阶段。

4.2 氢燃料电池汽车研究现状

从国际氢燃料电池汽车发展现状来看，全球主要汽车公司基本完成了氢燃料电池汽车的性能研发阶段，解决了示范中发现的核心技术问题，整车性能已能达到传统汽车水平。今后的研究重点集中到提高燃料电池比功率、延长电池寿命、提升燃料电池系统低温启动性能，降低燃料电池系统成本、规模建设加氢基础设施和推广商业化示范等方面。研究的目标如下：

1）氢燃料电池汽车整车性能基本满足商业化示范需要。

2）燃料电池堆技术基本满足车用要求。

3）氢能基础设施与车辆同步实施，超前部署满足商业化发展需求。

4.3 氢燃料电池汽车发展趋势

车用燃料电池技术发展方向逐渐明确，各大汽车厂商继续进行新一代燃料电池技术的研发，目标是降低制造成本和提高可靠性与耐久性。氢燃料电池汽车技术发展趋势表现为以下几点。

（1）燃料电池模块化和系列化

为了便于提高可靠性和寿命，并降低成本，燃料电池发展出现模块化趋势。单个燃料电池模块的功率被界定在一定的范围之内，通过模块的组装，实现不同车辆对燃料电池功率等级的要求。

（2）氢燃料电池汽车动力系统混合化

在目前的氢燃料电池汽车动力系统中，已经不采用最初的动力方案，而是氢燃料电池系统与动力电池系统混合驱动方式。这种混合动力驱动方案最早是由我国科技人员采用，有效地提高了燃料电池的寿命，降低车辆成本，现已被国外同行广泛采纳。

（3）车载能源载体氢气化，来源多样化

经过对各种能源载体的比较考核，基本摒弃了基于车载各种化石燃料重整制氢的技术途径，更多采用了车辆直接储存氢气的方案。

（4）氢燃料电池汽车产业联盟化

在汽车制造业，燃料电池技术通常是企业自己研发的，但目前燃料电池汽车产业发展正在突破这种常规发展模式。汽车整车生产企业与燃料电池生产企业加强了技术整合，汽车整车生产企业与燃料电池生产企业的合作共赢成了燃料电池汽车发展的一种重要模式。

4.4 我国氢燃料电池汽车技术发展现状

（1）氢燃料电池汽车

我国基于氢燃料电池轿车和客车动力技术平台，开发出三款氢燃料电池客车、五款氢燃料电池轿车，具备了百辆级氢燃料电池汽车动力系统平台与整车生产能力和进入国际市场的竞争力。

（2）车用燃料电池动力系统

我国攻克了车用燃料电池动力系统集成、控制盒适配等关键技术难点，形成了燃料电池系统、动力电池系统、DC/DC转换器、驱动电机、储氢与供氢系统等关键零部件的配套研发体系，实现了综合技术跨越，总体技术接近国际先进水平。

（3）燃料电池堆

我国在车用燃料电池堆技术方面，初步掌握了燃料电池材料、部件及电池堆的关键技术，建立了具有自主知识产权的车用燃料电池技术平台。

4.5 制约我国氢燃料电池汽车的关键因素

目前，制约我国氢燃料电池汽车发展的瓶颈包括燃料电池耐久性问题、关键材料及核心部件薄弱的问题,以及氢供给难题等技术性因素。

4.6 我国氢燃料电池汽车发展愿景与目标

我国氢燃料电池汽车发展愿景是到 2030 年实现百万辆的氢燃料电池汽车上路行驶,到 2050 年与纯电动汽车技术共同实现汽车零排放。氢燃料电池汽车的发展目标如下:

1)到 2020 年,实现氢燃料电池汽车技术规模化示范运行。
2)到 2025 年,实现氢燃料电池汽车技术推广应用。
3)到 2030 年,实现氢燃料电池汽车的大规模推广应用。

总之,在新能源汽车方面,我国成为全球新能源汽车发展最为迅速的市场,多款纯电动、插电式混合动力车型相继推出,并得到了较好的市场响应。

目前,纯电动及插电式混合动力汽车整体技术水平正在逐步接近国外同类产品,一些自主品牌汽车的产品性能指标甚至已经与国外产品不相上下。在政策激励和技术进步的共同作用下,新能源汽车逐渐得到了一定的商业化推广,2015 年销量首次突破总销量的 1%,一跃成为全球最大的新能源汽车市场。同时,氢燃料电池汽车也在攻克关键难点中初步形成了燃料电池动力系统技术平台和配套研发体系,并有氢燃料电池客车和氢燃料电池轿车样车相继开发完成。

总体而言,我国汽车产业在若干核心技术领域取得了突破性进展,部分技术接近或达到了国际先进水平。当然,我国仍在诸多核心技术领域或单项关键技术上落后于人,如发动机新型燃烧技术应用不足,能量管理技术尚待突破,自动变速器尚待大规模产业化检验,电气关键零部件与核心技术多为外资企业掌控,混合动力技术尚需系统性整体提升,三元锂电池先进技术多由日、韩企业把持,智能网联技术有待实质性突破且部分关键部件还受制于人等。

我国汽车发展愿景为汽车技术提出了明确需求,也指出了前进方向。以此为出发点,在制造强国战略的指引下,结合全球汽车技术"低碳化、信息化、智能化"的发展趋势,依据"创新驱动、质量为先、绿色发展、两化融合"的基本方针,按照"重点突破、全面推进"的指导思想,通过对我国汽车技术未来 15 年发展的系统梳理,选取最能体现主要领域持续进步的表征性指标,提出了我国汽车技术总体发展目标,如图 1-3-4 所示。

		2020年	2025年	2030年
总体发展目标	汽车产业碳排放总量先于国家碳减排承诺和产业规模在2028年提前达到峰值			
	新能源汽车逐渐成为主流产品,汽车产业初步实现电动化转型			
	智能网联技术产生一系列原创性科技成果,并有效普及应用			
	技术创新体系基本成熟,持续创新能力和零部件产业具备国际竞争力			
主要里程碑	节能汽车	乘用车新车平均油耗5L/100km 商用车新车油耗接近国际先进水平	乘用车新车平均油耗4L/100km 商用车新车油耗达到国际先进水平	乘用车新车平均油耗3.2L/100km 商用车新车油耗与国际领先水平同步
	新能源汽车	新能源汽车占总销量7%以上	新能源汽车占总销量15%以上	新能源汽车占总销量40%以上
	智能网联汽车	驾驶辅助/部分自动驾驶车辆市场占有率达到约50%	高度自动驾驶车辆市场占有率达到约15%	完全自动驾驶车辆市场占有率接近10%

图 1-3-4 我国汽车技术总体发展目标

项目 1　国内外新能源汽车现状与发展趋势

5. 新能源汽车发展的政策支持

2015年国务院四部门印发了《关于2016—2020年新能源汽车推广应用财政支持政策的通知》，明确了2016年的补贴标准，以及2017—2020年除燃料电池汽车外其他车型补助标准适当退坡。其中，2017—2018年补助标准在2016年基础上下降20%，2019—2020年补助标准在2016年基础上下降40%，见表1-3-13。

表1-3-13　2013—2020年新能源乘用车国家补贴标准　　（单位：万元）

车型	续航里程 R	2013	2014	2015	2016	2017	2018	2019	2020
纯电动乘用车	80km≤R<150km	3.5	3.325	3.15	—	—	—	—	—
	100km≤R<150km	—	—	—	2.5	2	2	1.5	1.5
	150km≤R<250km	5	4.75	4.5	4.5	3.6	3.6	2.7	2.7
	R≥250km	6	5.7	5.4	5.5	4.4	4.4	3.3	3.3
插电混动乘用车	R≥250km	3.5	3.325	3.15	3	2.4	2.4	1.8	1.8

对于新能源客车，补助标准以10~12m客车为标准车给予补助，其他长度纯电动客车补助标准按照单位装载质量能量消耗量和纯电动续驶里程划分，插电式混合动力客车（含增程式）补助标准按照纯电动续驶里程划分。其中6m及以下客车按照标准车0.2倍给予补助；车长在6~8m的客车按照标准车0.5倍给予补助；车长在8~10m的客车按照标准车0.8倍给予补助；12m以上、双层客车按照标准车1.2倍给予补助。

项目 2

新能源汽车的类型与电池概述

项目描述

本项目共 2 个学习任务,分别是:

任务 1:新能源汽车的类型与主流车型;

任务 2:新能源汽车电池的类型与应用车型。

通过 2 个任务的学习,熟悉当前国内外新能源汽车的主流车型、新能源汽车动力电池类型及在各车型的应用情况。

任务 1 新能源汽车的类型与主流车型

一、任务引入

随着新能源汽车的快速发展,各大汽车厂商都在积极研发以拓展自己的品牌,目前推广到市场的种类较为繁多,但目前除一部分类型新能源车辆的技术相对成熟(如混合动力车辆)外,大部分新能源汽车由于技术条件以及制造成本等诸多因素还未能真正在市场上占据一席之地。针对市场上的新能源汽车,我们需要了解它有哪些类型,对应的主流车型又有哪些,从而便于我们进一步展开研究。

二、任务要求

知识要求:

- 掌握新能源汽车类型及主流车型。
- 熟悉新能源汽车市场应用情况。

项目2 新能源汽车的类型与电池概述

技能要求：

- 能根据车辆外观识别新能源汽车类型。

职业素养要求：

- 严格执行汽车检修规范，养成严谨科学的工作态度。
- 尊重他人劳动，不窃取他人成果。
- 养成总结训练结果的习惯，为下次训练积累经验。
- 养成团结协作的精神。
- 严格执行5S现场管理。

三、相关知识

1. 混合动力汽车类型及对应的主流车型

混合动力汽车指同时装备两种或两种以上动力来源的车辆，是使用发动机驱动和电力驱动两种驱动方式的汽车。通常所说的混合动力一般是指油电混合动力，即燃料（汽油、柴油等）和电能的混合。混合动力汽车的燃油经济性能高，而且行驶性能优越。混合动力汽车的发动机要使用燃油，而且在起步、加速时，因为有电动机的辅助，所以可以降低油耗。简单地说，就是与同样大小的汽车相比，燃油费用更低。而且，辅助发动机的电动机可以在起动的瞬间产生强大的动力，因此，起步、加速更强劲。

1.1 混合动力汽车的发展

实际上，最早的油电混合动力车在100多年前就诞生了，不过，当初的油电混合发展到今天经历了一个过程，也曾经有多个发展方向。最早的油电混合动力车并不是像今天混合动力车以提升燃料利用效率为目标，而更多是为了解决传动的问题，因此，这种汽油机、发电机和电动机串在一起的方式也称为电传动系统，费迪南·保时捷非常看好这种电传动机构，他在1900年设计的第一辆油电混合动力车被广为人知。在第二次世界大战中他参与竞标的"虎"式坦克方案也是这种动力结构（他的方案最终竞标失败），如图2-1-1所示。

图2-1-1 "虎"式坦克

31

由于制造成本高，电传动技术后来广泛用于铁路机车和一些船舶的传动系统，其中最著名的是1918年服役的美国"新墨西哥"号战列舰（排水量3.2万t），如图2-1-2所示。

图 2-1-2　美国"新墨西哥"号战列舰

1916年，美国WOOD汽车公司推出Dual Power Model 44 Coupe双动力汽车（图2-1-3）。这款车当车速在24km/h以下时用电动机驱动，在24km/h以上时用汽油机驱动。但是这种动力最终没有流行，表面上它拥有了两种动力的优点，实际上也结合了两种动力的缺点，同时令整个动力系统非常笨重。这种双动力组合系统很快就被人遗忘了。

图 2-1-3　Dual Power Model 44 Coupe双动力汽车

1989年，奥迪推出了Audi Duo概念车，1997年推出的Audi A4 Duo Ⅲ是奥迪的第一款量产的双动力车（图2-1-4）。它的动力由一台1.9L TDI柴油机和一台电动机组成。电池不仅可外接民用交流电插座充电，同时车辆装备了制动能量回收系统以提升燃料的利用效率，纯电动模式下车辆的行驶里程为50km。

项目 2　新能源汽车的类型与电池概述

图 2-1-4　Audi A4 Duo Ⅲ 双动力车

　　如何让动力系统高效省油？当然是让动力系统高工作效率区间扩大，而这是内燃机动力以及传动系统的短板，补充进"电"后这个短板会得到改善。用油的内燃机动力车的好处是技术成熟、使用方便。电的长处是方便能量相互转化，而内燃机不能把动能转化成汽油；而且电机无怠速，使用更灵活，不会造成额外的能量浪费。1993 年，丰田开始研发串并联全混动技术车型，定名为 G21 计划。1997 年，丰田推出了第一代普锐斯混合动力轿车（图 2-1-5）。它的阿特金斯循环汽油机和双电机动力传动组合是完全创新的，动力系统的燃料利用效率远远领先普通动力轿车，百公里综合油耗只有 4.9L。

图 2-1-5　第一代普锐斯混合动力轿车

　　在混合动力开发方面，本田则走了另一条相对稳健的道路，它开发以内燃发动机作为主动力、电动机作为辅助动力的并联式混动系统，简称 IMA 系统。它主要以内燃发动机驱动行驶，

33

利用电动机具有的在起动时产生巨大转矩的特性,在汽车起步、加速等内燃发动机燃料消耗较大时,用电动机辅助驱动来降低内燃机的油耗。这种混合动力的结构比较简单,只是在动力系统中增加了电动机和电池组,电动机的功率比较小,在节能效果上不如丰田混联方式混合动力系统。1999年应用这项技术的Insight轿车正式上市,如图2-1-6所示。

图 2-1-6　本田Insight混合动力汽车

在21世纪初的几年里,市场上销售的混合动力车型主要就是丰田普锐斯和本田Insight,丰田和本田成为混合动力汽车技术发展以及推广的领军者。21世纪初期的几年里世界石油价格的飞涨为混合动力汽车发展提供了绝佳的良机。经过时间的验证,丰田混合动力车不仅省油而且可靠,综合使用成本低,从而赢得了更多消费者的信任。技术的成熟也降低了制造成本,再加上雷克萨斯混动车的加入,丰田公司的混动车产品形成了系列,其销售进入了快速增长时期。

想一想

自主品牌的混合动力汽车是哪一年推向市场的?目前在国内市场上有哪些自主品牌的混合动力汽车在售?

1.2　混合动力汽车的分类

混合动力分类的方式有三种,一种是根据是否能外接充电电源分类,第二种是根据结构特点分类,还有一种是根据混合度的不同分类。

1.2.1　根据是否能外接充电电源特点分类

按照这种方式混合动力汽车可分为插电式混合动力和非插电式混合动力两种。插电式混合动力汽车(简称PHEV)是新型的混合动力电动汽车。区别于传统汽油动力与电驱动结合的混合动力,插电式混合动力驱动原理、驱动单元与电动车相同,唯一不同的是车上装备有一台发动机。与普通混合动力汽车比较而言,普通混合动力汽车的电池容量很小,仅在起/停、加/减速的时候供应/回收能量,不能外部充电,不能用纯电模式较长距离行驶;插电式混合动力汽车的电池相对比较大,可以外部充电,可以用纯电模式行驶,电池电量耗尽后再以混合动力模式(以内燃机为主)行驶,并适时向动力电池充电(图2-1-7)。

项目 2　新能源汽车的类型与电池概述

图 2-1-7　充电接口

（1）美国主流车型

插电式混合动力车型的代表是通用公司的 Volt 和福特公司的 Fusion Energi（图 2-1-8）。2016 款 Volt 采用排量 1.5L、压缩比 12.5:1 的直喷发动机和两个电机，电池容量为 18.4kW·h，纯电续航里程为 80km，0~100km/h 加速时间约为 8.4s。全新 Fusion 的纯电续航里程为 34km。

图 2-1-8　通用公司的 Volt 和福特公司的 Fusion Energi

（2）日本主流车型

日本企业混合动力技术已经非常成熟，以混合动力车型为基础，可快速开发出插电式车型，主要有丰田、本田、三菱、日产的车型。丰田的普锐斯插电式混合动力版汽车，搭载 1.8L 阿特金森循环发动机，整备质量 1350kg，电机的最大输出功率为 66kW，所用的锂电池容量为 9.8kW·h，纯电动行驶里程为 56km，燃油经济型方面具有明显优势（图 2-1-9）。

35

图 2-1-9　丰田普锐斯插电式混合动力汽车

(3) 欧洲主流车型

欧洲插电式混合动力汽车发展较为成熟,宝马 530Le 装备 2.0L 涡轮增压汽油发动机,最大功率为 160kW、最大转矩为 310N·m,电动机峰值功率 70kW,峰值转矩为 250N·m,0~100km/h 加速时间为 7.1s,最高车速为 233km/h,纯电动模式下最高车速为 120km/h,纯电动行驶里程可达到 58km(图 2-1-10)。

图 2-1-10　宝马 530Le 插电式混合动力汽车

(4) 中国主流车型

比亚迪-秦(图 2-1-11)是比亚迪股份有限公司自主研发的 DM 二代(在纯电动和混合动力两种模式间进行切换)高性能三厢轿车。作为一款插电式混合动力汽车,秦的动力系统由一台大功率电机和 1.5T 汽油发动机组成,可以任意切换纯电动和混动模式。在混动模式下,秦的最大转矩达 479N·m,总功率 217kW,0~100km/h 加速仅需 5.9s,最高时速 185km/h,百公里油耗仅 1.6L。在最为关键的家庭实用方面,秦用 220V 家用电源即可充电,其纯电动续航里程达到 70km,完全能满足车主日常的上下班代步。

项目2 新能源汽车的类型与电池概述

图 2-1-11　比亚迪-秦插电式混合动力汽车

1.2.2　根据结构特点分类

（1）串联式混合动力

该系统是由发动机驱动发电机，由此产生的电力再用来驱动电动机，从而驱动车轮。动力通过串联的方式传输到车轮。由于发动机通过串联方式经过电动机驱动车轮，该系统被称为串联式混合动力系统（图 2-1-12）。

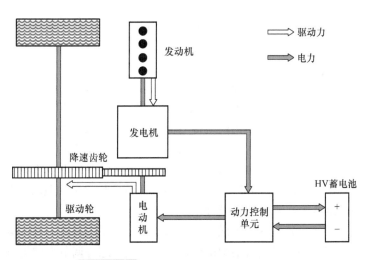

图 2-1-12　串联式混合动力系统结构图

在这种方式下，蓄电池就像一个水库，只是调节的对象不是水量，而是电能。蓄电池对发电机产生的能量和电动机需要的能量进行调节，从而保证车辆正常工作。配置的发动机输出的动力仅用于推动发电机发电。系统输出动力等于电动机输出动力。其中最出名的是雪佛兰沃蓝达、宝马 i3 增程型。

37

（2）并联式混合动力

并联式混合动力系统有两套驱动系统：传统的内燃机系统和电机驱动系统，大多是在传统燃油车的基础上增加电机、电池、控制单元而成，电机与发动机共同驱动车轮。两个系统既可以同时协调工作，发动机是主动力源，电机可以用来辅助加速过程中所需的动力。但是，无法仅依靠电机来驱动汽车（图2-1-13）。这种系统适用于多种不同的行驶工况，尤其适用于复杂的路况。由于车内只有一台电机，驱动车轮的时候充当电动机，不驱动车轮给电池充电的时候充当发电机，该方式结构简单，成本低。

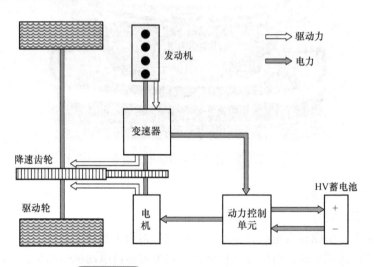

图 2-1-13 并联式混合动力系统结构图

这种方式的系统输出动力等于发动机与电机输出动力之和，其中最具代表性的是本田的雅阁和思域。

（3）混联式混合动力

混联式混合动力系统由发动机、大功率电动机、发电机、动力分配装置和动力控制单元（转换器）组成。动力分配装置将发动机产生的动力一部分用来驱动车轮，剩下的一部分动力传递给发电机发电，以提供电力给电动机或给蓄电池再充电。当汽车运行在低转速范围内时，可以仅依靠低速大转矩的电动机驱动汽车，而当汽车在更高的速度范围内运行时，可以由高效率的发动机来驱动。丰田的混联式混合动力系统可以在任何驾驶条件下智能地控制发动机和电动机，在最佳的节能效率下进行工作（图2-1-14）。这套系统结构复杂，但动力性能和燃油经济性都相当出色，其中最出名的是丰田THS-II系统。

混联式混合动力系统的特点在于内燃机系统和电机驱动系统各有一套机械变速机构，两套机构或通过齿轮系，或采用行星轮式结构结合在一起，从而综合调节内燃机与电动机之间的转速关系。与并联式混合动力不同的是，混联式有两个电机。一个是电动机，仅用于直接驱动车轮，还有一个电机具有双重角色：当需要极限性能的时候，充当电动机直接驱动车轮，整车功率就是发动机、两个电机的功率之和；当电力不足的时候，就充当发电机，给电池充电。与并联式混合动力系统相比，混联式动力系统可以更加灵活地根据工况来调节内燃机的功率输出和电机的运转。此种方式系统复杂，成本高。普锐斯采用的就是混联式。

项目 2　新能源汽车的类型与电池概述

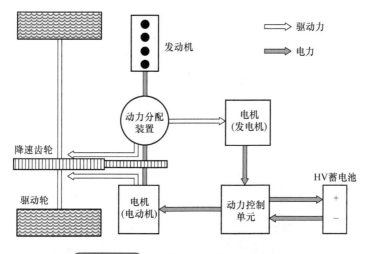

图 2-1-14　混联式混合动力系统结构图

1.2.3　根据混合度的不同分类

根据在混合动力系统中，电机的输出功率在整个系统输出功率中占的比重，也就是常说的混合度的不同，混合动力系统还可以分为以下四类：

（1）微混合动力系统

代表的车型是雪铁龙的混合动力版 C3 和丰田的混合动力版 Vitz。这种混合动力系统在传统内燃机上的起动机（一般为 12V）上加装了传动带驱动的起动机，也就是常说的 Belt-alternator Starter Generator，简称 BSG 系统（图 2-1-15）。该电机为发电起动（Stop-Start）一体式电机，用来控制发动机的起动和停止，从而取消了发动机的怠速，降低了油耗和排放。从严格意义上来讲，这种微混合动力系统的汽车不属于真正的混合动力汽车，因为它的电机并没有为汽车行驶提供持续的动力。在微混合动力系统里，电机的电压通常有两种：12V 和 42V，其中 42V 主要用于柴油混合动力系统。

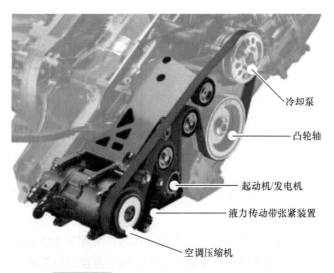

图 2-1-15　微混合型混合动力的 BSG 系统

（2）轻度混合动力系统

代表车型是通用的混合动力车。该混合动力系统采用了集成起动机，也就是常说的 Integrated Starter Generator，简称 ISG 系统（图 2-1-16）。与微混合动力系统相比，轻混合动力系统除了能够实现用发电机控制发动机的起动和停止，还能够实现以下功能：①在减速和制动工况下，对部分能量进行吸收。②在行驶过程中，发动机等速运转，发动机产生的能量可以在车轮的驱动需求和发电机的充电需求之间进行调节。轻混合动力系统的混合度一般在 20% 以下。

图 2-1-16　轻度混合动力汽车透视图

（3）中度混合动力系统

本田旗下混合动力的 Insight、雅阁和思域都属于这种系统。该混合动力系统同样采用了 ISG 系统。与轻度混合动力系统不同，中混合动力系统采用的是高压电机（图 2-1-17）。另外，中混合动力系统还增加了一个功能：在汽车处于加速或者大负荷工况时，电动机能够辅助驱动车轮，从而补充发动机本身动力输出的不足，从而更好地提高整车的性能。这种系统的混合程度较高，可以达到 30% 左右，目前技术已经成熟，应用广泛。

图 2-1-17　中度混合动力汽车透视图

（4）完全混合动力系统

丰田普锐斯和宝马 i8 属于完全混合动力系统。该系统采用了 272~650V 的高压起动机，混合程度更高（图 2-1-18）。与中度混合动力系统相比，完全混合动力系统的混合度可以达到甚至超过 50%。技术的发展使得完全混合动力系统逐渐成为混合动力技术的主要发展方向。

项目 2 新能源汽车的类型与电池概述

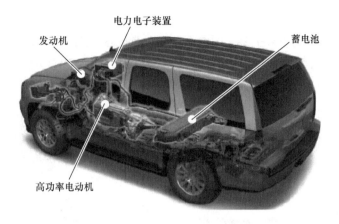

图 2-1-18 完全混合动力汽车透视图

2. 纯电动汽车主流车型

纯电动汽车（简称 EV）是指以车载电源为动力，用电机驱动车轮行驶，符合道路交通、安全法规各项要求的车辆。它对环境的影响相对传统汽车较小。电力驱动及控制系统是电动汽车的核心，也是区别于内燃机汽车的最大不同点。电力驱动及控制系统由驱动电机、电源和电机的调速控制装置等组成。电动汽车的其他装置基本与传统汽车相同。

2.1 美国主流车型

特斯拉（Tesla），是一家美国电动车及能源公司，主要产品有电动车、太阳能板及储能设备。特斯拉的传动技术来自 AC Propulsion 公司；它的电池采购自松下生产的 18650 电池；它的电机采购自台湾富田电机。其代表车型是 Model S 和 Model X，如图 2-1-19 所示。Model S 车型包括单电机后轮驱动和双电机全轮驱动两种形式，搭载 85kW·h 或 60kW·h 锂离子电池，0~100km/h 加速时间约为 5.7s，续航里程最高达 502km。Model X 高性能版本 P90D 采用双电机四轮驱动，0~100km/h 加速时间仅为 3.4s，续航里程达 467km，最高车速为 250km/h。2016 年发布的 Model 3 采用了钢铝混合车身，电池采用比能量达 315W·h/kg 的 20700 三元材料电池，续航里程达到 346km。Model S 提供三种不同容量的电池供消费者选择，分别为 40kW·h、60kW·h 以及 85kW·h，这三种不同容量电池将为车辆提供 256km、370km 和 480km 的最大巡航里程。充电方式上，该车可以选择传统插座充电和充电站充电两种方式。

图 2-1-19 特斯拉 Model S 和 Model X 纯电动汽车

2.2 日本主流车型

日本在 2011 年前拥有世界上最大的纯电动汽车消费群，日产的 Leaf 和三菱的 iMiEV 电动车是纯电动汽车的代表车型。2016 款 Leaf 搭载单体比能量约 157W·h/kg 的 30kW·h 电池组，采用峰值功率 80kW、最大转矩 254N·m 的电机，续航里程达到 172km（图 2-1-20）。

图 2-1-20　日产的 Leaf 和三菱的 iMiEV 电动车

2.3 欧洲主流车型

欧洲的纯电动汽车以德国产车型为代表。大众 E-Golf 采用一台峰值功率为 85kW、峰值转矩为 270N·m 的永磁同步电机，0~100km/h 加速时间为 10.4s，最高车速为 140km/h，采用 24.2kW·h 锂离子电池组，整车质量 1510kg，续航里程为 190km；宝马 i3 的车身采用全碳纤维材质，锂离子电池组与底盘一体化设计，底盘由铝合金材质制造，整车质量仅为 1255kg，电机峰值功率为 125kW，峰值转矩为 250N·m，最高车速为 150km/h，0~100km/h 加速时间 7.2s，电池容量为 19kW·h，续航里程为 160km（图 2-1-21）。

图 2-1-21　大众 E-Golf 和宝马 i3 纯电动汽车

2.4 中国主流车型

我国生产纯电动汽车的企业较多，但就目前市场销售及技术水平来看，比亚迪及北汽系列纯电动汽车排在前列。比亚迪 E6 整备质量为 2380kg，续航里程为 400km，采用 82kW·h 锂离子电池组，能耗为 19.5kW·h/100km，0~100km/h 加速时间为 14.62s，最高车速为 140km/h。北汽 EV160 整备质量为 1295kg，续航里程为 200km，采用 30.4kW·h 锂离子电池组，能耗为 15kW·h/100km，0~100km/h 加速时间为 13s，最高车速为 125km/h（图 2-1-22）。

项目2 新能源汽车的类型与电池概述

图 2-1-22　比亚迪 E6 和北汽 EV160 纯电动汽车

3. 氢燃料电池汽车主流车型

氢燃料电池汽车作为一种真正意义上的"零排放，无污染"载运工具，是未来新能源清洁动力汽车的主要发展方向之一。其结构主要包括：动力源、电机以及传动系。它与纯电动汽车相似，只不过动力源不是锂电池，而是采用氢燃料电池。氢燃料电池技术应用还不够成熟，因此目前市场上氢燃料汽车的应用推广还很少，代表车型为丰田 Mirai（图 2-1-23）。

丰田 Mirai 是一款氢燃料电池车，于 2014 年 12 月 15 日在日本正式上市。Mirai 使用了液态氢作为动力能源，液态氢被储存在位于车身后半部分的高压储氢罐中。Mirai 所使用的聚酰胺联线外加轻质金属的高压储氢罐可以承受 70MPa 压力，并分别置于后轴的前后。液态氢添加的过程与传统添注汽油或者柴油相似，但对于安全性和加注设备具有独立的安全标准。充满 Mirai 的储氢罐大约需要 3~5min，在 JC08 工况下，Mirai 的氢储量可以支持 700km 续航里程。减压后的液态氢进入位于乘员舱下方的燃料电池中，氢原子在燃料电池阴

图 2-1-23　丰田 Mirai 氢燃料电池汽车

极上的反应，释放电子从而产生电能。多个燃料电池的串联使得输出电压达到使用的标准。

我国企业基于氢燃料电池汽车技术平台，开发出了一系列氢燃料电池汽车，先后在北京奥运会、上海世博会、全球环境基金与联合国发展计划署共同支持的氢燃料电池城市客车商用化示范、新加坡首届青奥会等活动中和美国加州等区域进行了示范运行。由上汽生产的荣威 950 氢燃料电池车（图 2-1-24）最大的亮点在于其搭载有动力电池和氢燃料电池双动力源系统。新车行驶以氢燃料电池为主，动力电池为辅，基于车载的 On-board 充电器，新车可通过市网电力系统为动力电池充电。

图 2-1-24　荣威 950 氢燃料电池汽车

新能源汽车概论

四、任务实施

1. 任务准备

安全防护：注意人身安全。

工具设备：无。

台架车辆：无。

辅助资料：各种类型的新能源汽车照片、教材、展板。

2. 实施步骤

任务	1. 请根据自身的认知写下你认为的新能源汽车包括哪些。 2. 请列举出不同新能源汽车的主流车型有哪些。 3. 请写出新能源汽车的政策补贴情况。 4. 请写出新能源汽车的号牌区别。
笔记	

任务 2　新能源汽车电池的类型与应用车型

一、任务引入

众所周知，动力电池是新能源汽车三大核心部件之一，在"三电"系统中，动力电池的研发与应用进程较慢是制约新能源汽车快速发展的瓶颈，国内外大批电化学专家在动力电池材料、内在质量、电化学特性，尤其是安全性方面的研发投入了大量的精力和财力。那么，新能源车辆的动力电池有哪些种类呢？当前市场上的新能源车辆所使用的动力电池又是哪种类型呢？

二、任务要求

知识要求：

- 掌握新能源汽车动力电池的类型。
- 熟悉目前市场所销售的新能源汽车所装配动力电池种类。

技能要求：

- 能根据车型或电池特点识别电池类型。

职业素养要求：

- 严格执行汽车检修规范，养成严谨科学的工作态度。

- 尊重他人劳动，不窃取他人成果。
- 养成总结训练结果的习惯，为下次训练积累经验。
- 养成团结协作的精神。
- 严格执行 5S 现场管理。

三、相关知识

鉴于动力电池在电动汽车产业中的重要作用，美、日、德等国家均制定了车用动力电池发展国家规划，对动力电池的研发及产业化进行大力支持，以推动动力电池技术的快速进步和市场推广应用。我国发布的《节能与新能源汽车产业发展规划（2010-2020）》重点支持动力电池的产业化和电池模块的标准化，要求 2020 年动力电池模块的比能量达到 300W·h/kg 以上，成本降至 1.5 元/W·h 以下。

当前，动力电池迎来了良好的发展机遇，2015 年我国动力电池的配套规模达到了 16.3GW·h，预计 2020 年新能源汽车对动力电池的需求将超过 100GW·h，2030 年超过 300GW·h。我国动力电池的技术研发水平及产业化规模位居世界前三位，有力支撑了我国新能源汽车的研发、推广应用和产业化。

1. 动力电池类型特点及应用车型

动力电池作为新能源汽车的能量储存装置，其性能的优劣直接影响新能源汽车的市场应用和普通消费者的接受度，如安全性、比能量、能量密度、比功率、寿命以及成本等。

1.1 动力电池类型

电池是指装有电解质溶液和金属电极以产生电流的杯、槽或其他容器或复合容器的部分空间，能将化学能转化成电能的装置。在车辆上使用的电池的主要类型如图 2-2-1 所示。

铅酸蓄电池

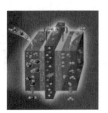
燃料电池

AGM蓄电池

镍氢电池

锂离子电池

图 2-2-1　动力电池的类型

目前，铅酸蓄电池、镍氢电池和锂离子电池在电动汽车领域均有应用，锂离子电池是目前实现产业化的动力电池产品中能量密度最高的电化学体系，具有较长的循环寿命和使用寿命，安全性不断提升。同时,锂离子电池已处于自动化大规模生产制造阶段,成本不断下降。锂离子电池作为铅酸蓄电池和镍氢电池的技术及产业升级换代产品,具有比能量高、比功率高、自放电率低、无记忆效应以及环境友好等突出优点,成为目前技术研究及产业化的重点,其应用范围涵盖了混合动力汽车、插电式混合动力汽车、纯电动汽车等。

1.2 动力电池特点及应用车型

(1)镍氢电池

镍氢电池主要由氢离子和金属镍合成,每一个单元电池的额定电压为1.2V。电量储备比镍镉电池多30%,比镍镉电池更轻,使用寿命也更长,并且对环境无污染。镍氢电池的缺点是价格比镍镉电池要贵好多,性能比锂电池要差。镍氢电池中的"金属"部分实际上是金属氢化物,其化学反应为:电池充电时,氢氧化钾(KOH)电解液中的氢离子(H^+)会被释放出来,由这些化合物将它吸收,避免形成氢气(H_2),以保持电池内部的压力和体积。当电池放电时,这些氢离子便会经由相反的过程而回到原来的地方。

在新能源汽车中,大功率的镍氢电池主要使用在油电混合动力车辆中,其最有代表性的车辆就是丰田的普锐斯(图2-2-2)。该车电池是由日本松下公司生产,使用了特别的充放电程序,使电池充放电寿命可足够车辆使用十年。其他使用镍氢电池的混合动力车辆包括:福特的Escape、雪佛兰的Malibu、本田的Civic Hybrid等车型。虽然镍氢电池比锂离子电池重,但仍然有部分纯电池动力车使用镍氢电池,例如本田的EV Plus、福特的Ranger EV等车型。

图2-2-2　普锐斯镍氢动力电池

(2)锂离子电池

目前,锂离子电池主要用于纯电动汽车及插电式混合动力汽车,但纯电动汽车续航里程相对于常规燃油车较短,动力电池的成本依然较高,安全性能有待进一步改善与提升。因此,世界主要汽车生产国均在持续开展动力电池技术创新研究和扩大产业规模,特别是进一步提高动力电池的安全性、比能量、比功率及使用寿命,进一步降低制造成本。

常见的锂离子电池主要有磷酸铁锂电池,是指用磷酸铁锂作为正极材料的锂离子电池。其他锂离子电池的正极材料还有钴酸锂、锰酸锂、镍酸锂、三元材料等。和其他锂电池相比,磷酸铁锂电池主要有以下几大优势:

1)安全性能较好。磷酸铁锂晶体中的P-O键稳固,难以分解,即便在高温或过充电时也不会像钴酸锂一样结构崩塌发热或是形成强氧化性物质,因此拥有良好的安全性。

2)寿命较长。磷酸铁锂电池的循环寿命比较长。长寿命铅酸蓄电池的循环寿命在300次左右,最高也就 500 次,而磷酸铁锂动力电池的循环寿命达到 2000 次以上,标准充电使用,可达到 2000 次。

3)高温性能好。磷酸铁锂电池的热峰值可达 350~500℃,而锰酸锂和钴酸锂电池只在 200℃左右。

4)大容量。具有比普通电池(铅酸等)更大的容量,单体容量为 5~1000A·h。

5)无记忆效应。可充电池在经常处于充满不放完的条件下工作,容量会迅速低于额定容量值,这种现象叫作记忆效应。镍氢、镍镉电池都存在记忆性,而磷酸铁锂电池无此现象,电池无论处于什么状态,可随充随用,无须先放完再充电。

6)环保。该电池一般被认为是不含任何重金属与稀有金属(镍氢电池需稀有金属)、无毒(SGS 认证通过)、无污染的绿色环保电池。

当然,磷酸铁锂电池也有缺点。磷酸铁锂存在一些性能上的缺陷,如振实密度与压实密度很低,导致锂离子电池的能量密度较低,低温性能差;材料的制备成本与电池的制造成本较高,电池成品率低,产品一致性差。

在新能源汽车中,其动力电池采用磷酸铁锂电池的主流车型为比亚迪,其电池为自主研发生产(图 2-2-3)。

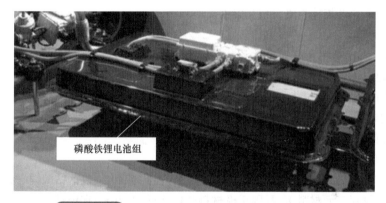

图 2-2-3　比亚迪 - 唐装备的磷酸铁锂动力电池组

三元聚合物锂电池是指正极材料使用锂镍钴锰三元正极材料的锂电池。三元复合正极材料前驱体产品,是以镍盐、钴盐、锰盐为原料,是在容量与安全性方面比较均衡的材料,循环性能好于正常钴酸锂。前期由于技术原因其标称电压只有 3.5~3.6V,在使用范围方面有所限制,但到目前,随着配方的不断改进和结构完善,电池的标称电压已达到 3.7V,在容量上已经达到或超过钴酸锂电池的水平。

三元锂电池的优点是能量密度和振实密度高;其缺点是安全性能、耐高温性能以及大功率放电性能差,使用寿命短,其元素有毒不环保。

在新能源汽车中,使用三元锂电池作为动力电池的车型主要有北汽纯电动系列,如北汽 EV200(图 2-2-4),其电池为韩国厂家生产。其他主流车型应用的电池类型见表 2-2-1。

图 2-2-4　北汽 EV200 三元锂电池

表 2-2-1 电动汽车动力电池类型

车型名称	车辆型号	电池类型	电池容量 /kW·h	续航里程 /km
北汽 EV160	BJ7000B3D1-BEV	磷酸铁锂	25.6	160
北汽 EV200	BJ7001B3D2-BEV	三元锂	30.4	200
北汽 ES210	BJ7000C7H1-BEV	三元镍酸锂	38	175
奇瑞 eQ	SQ2R7000BEVJ00	三元	22.3	170
江淮 iEV4	HFC7000AEV	磷酸铁锂	19.2	160
江淮 iEV5	HFC7001AEV	三元	23	170
上汽 E50	CSA7000BEV	磷酸铁锂	18	120
比亚迪 e6	QCJ7006BEVF	磷酸铁锂	63.4	300
腾势	QCJ7007BEV	磷酸铁锂	47.5	250
吉利知亚	SMA7000BEV01	三元锂	15.3	150
启辰晨风	DFL7000B2BEV	锰酸锂	24	175

2. 汽车动力电池发展现状

动力电池的性能提升离不开电池材料的进步,同时材料技术水平的提升又极大地推动动力电池技术的发展,二者相辅相成,相互促进。

2.1 正极材料

高比容量、高比功率、高安全性和长循环寿命的正极材料已成为研究开发和产业化的热点,一般应满足以下条件:

1)在要求的充放电电位范围内,与电解液具有良好的相容性。
2)温和的电极过程动力学。
3)可逆性好。
4)在全锂化状态下稳定性好。

从正极材料来看,2015 年全球正极材料的产量达到 17 万 t(包括钴酸锂、锰酸锂、磷酸铁锂、镍钴铝和镍钴锰三元材料),我国正极材料产量接近 10 万 t,在镍钴锰和镍钴铝材料的研发和产业化方面已进入世界前列,可满足动力电池对正极材料的需求,见表 2-2-2。

表 2-2-2 动力电池正极材料发展现状

	钴酸锂 (LCO)	镍钴锰酸锂 (NCM)	锰酸锂 (LMO)	磷酸铁锂 (LFP)	镍钴铝酸锂 (NCA)
分子式	$LiCoO_2$	$LiNi_xCo_yMn_{1-x-y}O_2$	$LiMn_2O_4$	$LiFePO_4$	—
电压平台 /V	3.7	3.6	3.8	3.3	3.7
比容量 /(mA·h/g)	150	160	120	150	170
压实密度 /(g/cm³)	2.8~3.0	2.0~2.3	2.2~2.4	1.0~1.4	2.0~2.4
优点	充放电稳定,生产工艺简单	电化学性能稳定,循环性能好	锰资源丰富,价格较低,安全性能好	高安全性,环保长寿	高能量密度,低温性能好
缺点	钴价格昂贵,循环寿命较低	用到一部分金属钴,价格昂贵	能量密度低,电解质相容性差	低温性能较差,放电电压低	高温性能差,安全性能差,生产技术门槛高

2.2 负极材料

具备高比容量、高充放电效率、高循环性能以及低成本等特点的负极材料已经成为研究开发和产业化的热点,一般应满足以下条件:

1)良好的电子电导率。
2)锂离子扩散系数大。
3)嵌锂前后体积变化小。
4)嵌锂可逆容量高。
5)反应自由能变化小,嵌锂电位低。
6)高度可逆性。
7)与电解液相容性好。

目前,以规模化生产的负极材料主要包括层状结构的碳材料(包括人造石墨、天然石墨、中间相碳微球、软碳及硬碳等)、合金类材料和氧化物材料,其发展现状见表2-2-3。

表 2-2-3 动力电池负极材料发展现状

负极材料	天然石墨	人造石墨	中间相碳微球
比容量/(mA·h/g)	340~370	310~360	300~340
首次效率	90%	93%	94%
500次循环容量	80%	85%	85%
压实密度/(g/cm³)	1.4~1.65	1.4~1.7	1.4~1.6
加工性能	好	较好	好
安全性能	低	高	高
材料成本	低	较高	高
灰分	≤0.05%	≤0.06%	≤0.1%
应用领域	小型/动力电池	小型/动力电池	小型/动力电池

2.3 动力电池技术国内外对比

从动力电池的材料来看,国外动力电池的正极材料普遍采用镍钴锰或镍钴铝材料,或与尖晶石锰酸锂材料混合使用。而国内动力电池正极材料目前采用磷酸铁锂材料居多,负极材料普遍采用石墨类材料。由于磷酸铁锂动力电池比能量提升存在瓶颈,难以达到比较高的比能量,从提高动力电池比能量的角度出发,国内在正极材料方面采用镍钴锰或镍钴铝材料的趋势较为明显。

在规模生产制造方面,国外动力电池企业实现了生产过程全自动化管理运营体系,保证了产品质量及一致性;国内动力电池企业基本上以单机自动化为主,部分企业实现了生产过程的全自动化管理。

2.4 动力电池发展存在的问题

总体而言,我国锂离子动力电池技术与国外先进技术水平差距不大,但电池基础性和支撑性的研究与开发工作相对薄弱,规模生产动力电池均匀一致性等指标与国外有比较大的差距,电池系统集成技术水平不高,产业技术创新能力不足。

1)动力电池技术创新能力不足,表现为研发投入少,研发人员数量不足,自主推出的新产品少,产品升级换代慢,动力电池的技术水平需要进一步提升。动力电池产业缺少核心专利,目前锂离子电池产业相关专利以及核心技术仍然缺乏,将阻碍我国锂离子电池参与国际市场竞争。

2）锂离子电池关键材料技术总体上仍然落后于国外先进水平，部分材料还依赖进口；动力电池生产的自动化水平不高，多数企业生产自动化和控制、管理存在缺陷和不足，制约了高水平动力电池的成品率、一致性和成本。

3）动力电池评价不够深入，安全性、循环耐久性、环境适应性评价不够，动力电池在使用过程存在的安全问题较多，使用寿命达不到要求。

4）动力电池企业众多，动力电池规格尺寸众多，动力电池单体及模块的标准化制造水平不高，制约了动力电池企业做大做强，影响了产品市场竞争力。

3. 新型锂离子电池

以高容量/高电压正极材料、高容量负极材料、高安全性的功能性电解液材料和高安全性的复合隔膜材料为主要方向，开展正极、负极、隔膜及电解液的匹配技术研究，开展多孔极片模型设计研究，发展高负载电极、表面涂层电极、电池仿真及设计等先进技术和工艺，开发新型锂离子动力电池。

还要研究发展锂硫电池、金属空气电池、固态电池等新体系电池，大力发展金属锂、硫/碳复合电极、空气电极、固态电解液等新材料，解决相关的科学基础问题、工程基础问题，基于新体系电池的动力电池产品实现实用化，让纯电动汽车具有与传统燃油车相当的行驶距离，经济性具有竞争力。

四、任务实施

1. 任务准备

安全防护：注意人身安全。

工具设备：无。

台架车辆：无。

辅助资料：各种类型的新能源汽车电池照片、教材、展板。

2. 实施步骤

任务	1.请根据自身的认知写下你认为的新能源汽车电池包括哪些。 2.请列举出不同电池的正负极材料。 3.请写出新能源汽车主流电池的特性。
笔记	

项目 3

混合动力汽车的技术特点和驱动方式

项目描述

本项目共3个学习任务,分别是:
任务1:混合动力汽车的技术特点;
任务2:混合动力汽车的驱动方式;
任务3:混合动力汽车结构认知。
通过3个任务的学习,熟悉混合动力汽车的技术特点及驱动方式,掌握混合动力汽车的结构组成并能找到各组件在车辆上的位置。

任务1 混合动力汽车的技术特点

一、任务引入

混合动力系统是综合了不同的动力单元,以最大限度地发挥各自的长处、弥补其他方面的短处的新一代动力系统。一个典型的油电混合动力系统,能将发动机高转速下的高效率与电动机(不需要外接电源)低转速下的大转矩以最有效的方式结合起来,在保持低油耗的同时实现出色的行驶性能。

二、任务要求

知识要求:

- 熟悉混合动力汽车的技术特点。

职业素养要求：

- 严格执行汽车检修规范，养成严谨科学的工作态度。
- 尊重他人劳动，不窃取他人成果。
- 养成总结训练结果的习惯，为下次训练积累经验。
- 养成团结协作的精神。
- 严格执行 5S 现场管理。

三、相关知识

1. 微混合自动起停技术特点

1.1 微混合自动起停技术的由来

汽车行驶在拥挤的城市道路中，总免不了停车等红绿灯，而发动机怠速消耗的能源是毫无意义的（图 3-1-1）。自动起停技术就是致力于最大限度减少发动机怠速时燃油的损耗，避免这部分能源的浪费，对节省能源与减低排放有着重要的意义。

图 3-1-1　怠速能源消耗

早在 1970 年，丰田公司已经涉足自动起停技术。当时丰田尝试在皇冠车上安装一种电子装置，可在汽车静止 1.5s 后关闭发动机。试验结果发现在东京市繁忙的交通中，运用这种新技术可使节油率提升 10%。1980 年这种技术开始装备于量产车型上销售，菲亚特汽车的 Regata 与大众汽车公司的第二代 Polo 皆装备了这种技术。到 1994 年第三代大众 Golf、Lupo（3L 车型），以及 1999 年奥迪 A2（3L 车型）都装备有自动起停技术，不过这些车型因售价高昂而销售不理想。

在日本除了丰田汽车外，马自达汽车也开发出 i-Stop 系统，在静止怠速的状态下重新起动时会决定首先运作的气缸，该气缸的活塞会停在适当位置且气缸内完成扫气行程。等系统判断将重新起动时，就喷射燃料快速点火燃烧，同时驱动起动机。起动过程耗时约 0.35s，而且相当平顺。此外，本田公司在 1999 年本土市场销售的第一代 Insight 车型就已装备这种技术。2006 年开始，思域混合动力车型也运用了起停技术。

2006 年法国 PSA 集团的雪铁龙公司开发名为"start-stop"的怠速熄火系统，搭载于雪铁龙 C2 和雪铁龙 C3 上。这套系统结合了该公司研发的 sensodrive 自动变速器与电子控制的 ISG 可

项目 3　混合动力汽车的技术特点和驱动方式

逆发电机（ISG 集成了起动机与发电机，由法雷奥与日本电装公司共同研发而成）。这套系统也搭载于 2011 年小改款的标致 3008 e-HDi 车型上，配合 1.6L 柴油发动机以及制动能量回收系统，可节省燃油消耗达 15%。

在 2008 年年末，菲亚特公司采用了博世公司生产的起停系统，搭载在菲亚特 500 车型上。阿尔法·罗密欧在同年推出的 MiTo 车型也搭载了相同的系统。2009 年 Volvo 也在 DRIVe 车型上运用自动起停技术。德国宝马公司将自动起停技术应用于旗下车型多年，包括 2008 年后的 MINI 系列车型。宝马公司一直致力于减少发动机动力的损耗，采用博世公司的加强型起动机，在频繁关闭、起动的环境下比一般起动机承受更多的起动次数。

1.2　自动起停技术

自动起停技术是一套控制发动机起动和停止的系统：当车辆在红灯、堵塞等停滞状态下，ECU 可以控制发动机自动停止运行，从而大大减少油耗和废气排放。在停止运行阶段，音响等设备可以正常使用（图 3-1-2）；当整车需要再起步时（图 3-1-3），起动机快速起动发动机，瞬时衔接，保障行车过程和驾驶习惯不受影响。

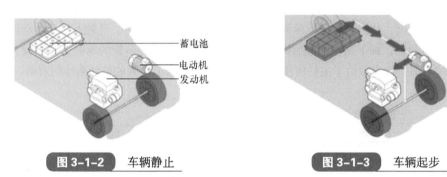

图 3-1-2　车辆静止　　　　　　　　图 3-1-3　车辆起步

相对于新燃料应用、制动能量回收等复杂的节能科技，自动起停技术具有技术可靠、实用性强的优势，是一种微混节能技术。此系统可配置汽油发动机、柴油发动机及各类变速器。

装备自动起停技术的车辆在综合路况（高速公路、普通公路、城市道路）条件下可以节约 5% 左右的燃油，而在拥堵路段中最高可以节约 15% 左右的燃油，低碳环保。汽油发动机可降低 5~8.6g/km 的 CO_2 排放。通过先进的控制策略，车辆停止时获得更舒适的静谧空间，保证了驾驶的安全性与舒适性。

装备了发动机自动起停技术的车辆都是微混合动力车型，不是混合动力汽车，因为电动总成不参与车辆的驱动。

1.3　工作模式

对于手动档的车辆来说，当遇到红灯或塞车时，驾驶人踩下制动踏板使车辆停下来后，将档位换入空档并完全释放离合踏板，这时控制系统会自动将发动机熄火，节省了怠速运转而浪费的燃油；当绿灯放行后，驾驶人踩下离合器，发动机则自动重新起动，挂入适当档位后即可前行（图 3-1-4）。

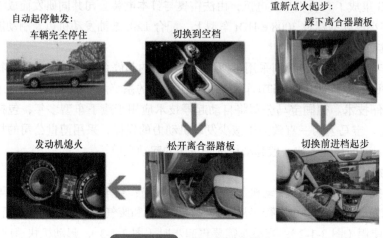

图 3-1-4　手动档工作模式

如果是自动档车型，操作更为简单，遇到红灯或塞车时，驾驶人踩下制动踏板后，控制系统会自动将发动机熄火，节省了怠速运转而浪费的燃油；当绿灯放行后，驾驶人松开制动踏板，发动机则自动重新起动，踩下加速踏板后即可前行（图 3-1-5）。这种节能的驾驶方式并没有改变人们日常的驾驶习惯，没有带给车主任何使用上的麻烦，却带来了显著的节油减排的效果。

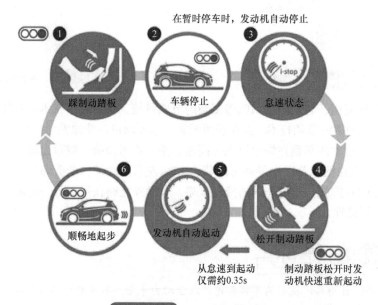

图 3-1-5　自动档工作模式

1.4　自动起停技术的类型

自动起停技术作为混合动力汽车的入门技术（微混合动力），由于成本低，节能减排效果显著，其应用前景广阔。目前市面上车型使用的自动起停技术主要有 BSG、IDLE STOP 和马自达的 SISS 三种。BSG 采用发电机起动机一体化（BSG）电机来实现起停功能，IDLE STOP 系统采用分离式起动机/发电机起停系统，SISS 系统则通过燃油在气缸内喷射燃烧产生膨胀力来起动发动机。

项目 3　混合动力汽车的技术特点和驱动方式

1.4.1　集成起动机/发电机（BSG）起停系统

集成起动机/发电机是一个通过永磁体内转子和单齿定子来激励的同步电机，能将驱动单元集成到混合动力传动系统中。法雷奥研发的 i-Start 系统是其中的代表，它首先应用于 PSA(标致-雪铁龙集团)的 e-HDi 车型上（图 3-1-6）。

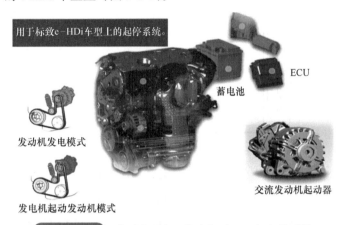

图 3-1-6　集成起动机/发电机（BSG）起停系统

i-Start 系统的电控装置集成在发电机内部，在遇红灯停车时发动机停转，只要一挂档或松开制动踏板，汽车会立即自动起动发动机（图 3-1-7）。

a) 遇红灯停车时发动机停转

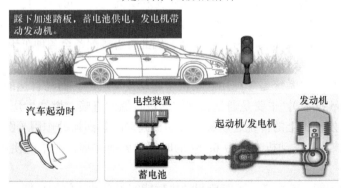

b) 自动起动发动机

图 3-1-7　i-Start 系统工作过程

1.4.2 分离起动机/发电机（IDLE STOP）起停系统

采用分离起动机/发电机（IDLE STOP）起停系统很常见。这种系统的起动机和发电机是独立设计的，发动机起动所需的功率由增强型起动机提供，而发电机则为起动机提供电能（图3-1-8）。

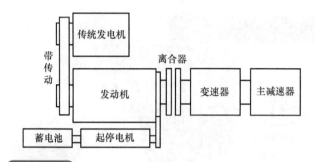

图3-1-8 分离起动机/发电机（IDLE STOP）起停系统

博世是这种起停系统的主流供应商。这套系统包括高增强型起动机、增强型蓄电池（一般采用AGM蓄电池）、可控发电机、集成起动/停止协调程序的发动机ECU、传感器等（图3-1-9）。

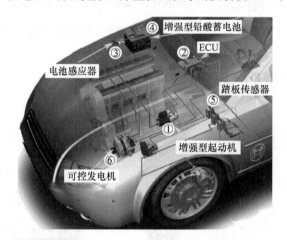

图3-1-9 博世分离式起动机和发电机的起停系统

博世的增强型起动机能快速、安静地自动恢复发动机运转，可降低起动时的油耗。这种起停系统零件少、安装方便，可应用于各种不同混合动力（传动带驱动、直齿轮驱动和电力轴驱动）。而且系统的部件与传统部件尺寸保持一致，因此可直接配备至各种车辆上。

1.4.3 马自达SISS智能起停系统

前面介绍的两种起停系统是单纯用起动机来起动发动机的，而马自达SISS智能起停系统（现在称为i-stop技术），主要是通过在气缸内进行燃油直喷，燃油燃烧产生的膨胀力来重新起动发动机的，发动机上的传统起动机在发动机起动时起到辅助作用（图3-1-10）。据官方数据，使用SISS技术，发动机在最短0.35s的时间内就能起动，比单纯使用起动机或电动机的系统要快一倍。

这种系统控制智能、效率高，不需要起动机就能实现自动起停的功能，已用于日本市场销售的Mazda 2、Mazda 3和Mazda6部分车型上。

项目 3　混合动力汽车的技术特点和驱动方式

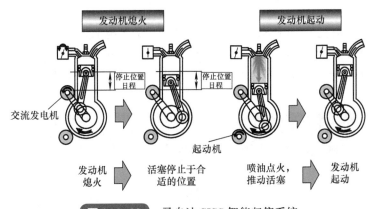

图 3-1-10　马自达 SISS 智能起停系统

自动起停技术可以在车辆暂时停车时自动停止发动机工作，从而减少燃油消耗，减低排放，尤其在那些交通拥挤的大城市运用这种技术对节能减排有着不错的效果。在欧洲，由于较高的燃油价格加上排放法规相当严格，自动起停技术已得到广泛的应用。目前我国的自动起停技术市场尚未成熟，不过在日益上涨的油价和节能环保的要求下，不久将有更多的车应用此技术。

1.5　自动起停系统的技术特点

以应用最为广泛的分离起动机/发电机（IDLE STOP）起停系统为例，该系统主要由 AGM 蓄电池、蓄电池监控传感器、交流发电机、网络电压保持设备（DC/DC 变换器）、起动机控制盒、增强型起动机、各类传感器等部件组成（图 3-1-11）。

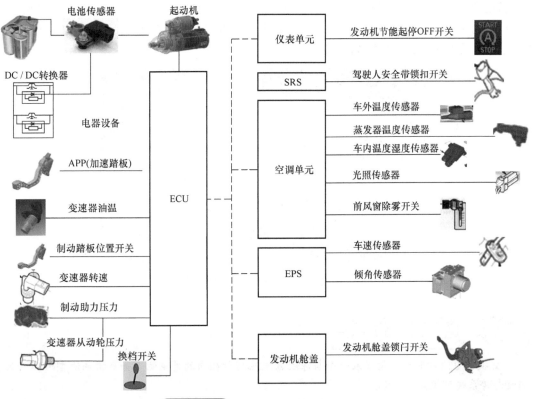

图 3-1-11　自动起停系统的结构组成

1.5.1 AGM 蓄电池

分离起动机/发电机（IDLE STOP）起停系统使用的蓄电池是 AGM（玻璃纤维隔板技术）的 VRLA 铅酸密封蓄电池（图 3-1-12）。此蓄电池比传统蓄电池能进行更多的充电放电循环和增加放电程度，能够满足连续很多次的停止/重新起动循环，使用周期较长（传统的铅酸蓄电池是做不到的）。

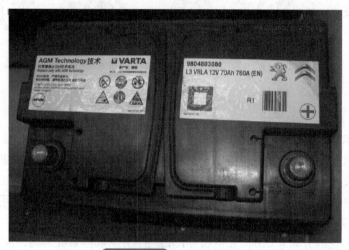

图 3-1-12　AGM 蓄电池

1.5.2　蓄电池监控传感器

蓄电池监控传感器集成在蓄电池负极电缆上（图 3-1-13）。通过 LIN 网络把蓄电池的信息提供给自动起停系统控制单元。它主要监控蓄电池充电状态（用 % 来表示）、蓄电池电压、蓄电池电流、蓄电池内部温度等数据。

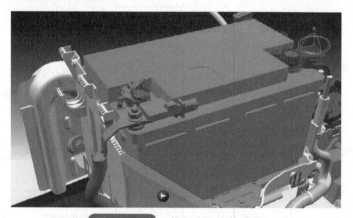

图 3-1-13　蓄电池监控传感器

更换蓄电池的时候，请安装一个与原配蓄电池型号相同的蓄电池。如果蓄电池型号不一致，自动起停系统可能会出现故障。

项目 3　混合动力汽车的技术特点和驱动方式

1.5.3　交流发电机

交流发电机和传统车辆使用的发电机结构一样，主要由定子、转子、换向器、调节器、挡圈等部件组成（图 3-1-14）。

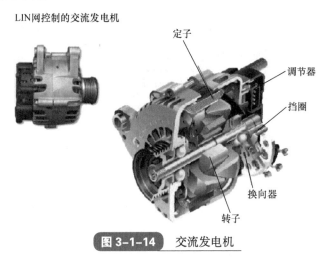

图 3-1-14　交流发电机

通过 LIN 网络控制的交流发电机可调节输出电压（范围 10.6~16V），以便对蓄电池充电，并给不同的附件供电，对输出电压进行控制以便优化车辆的油耗。结合蓄电池监控传感器里的电源数据，自动起停系统会优化蓄电池的充电（减速的时候电压更高、加速的时候电压更低）策略。发电机的信息通过 LIN 网络反馈给发动机 ECU，从而对发电机进行更加精细的控制并能够对发电机进行诊断。

在没有负载且蓄电池电量充足、发动机处于怠速状态的车辆中，通过对输出电压的控制技术，12.2V 的电压就是正常的。

1.5.4　增强型起动机

装备自动起停系统后，车辆会大大增加热机起动次数，综合各种行车路况，平均粗略估计，其起动次数至少增加 5 倍，因此必须对起动机进行机械结构强化（图 3-1-15）。通过加强机械部分，起动机可以支撑自动起停功能起动、重新起动的连贯性，能承受重负荷周期，保证起动和重新起动功能。

增强型起动机是永久磁铁型的，通过激活计数器管理起动机使用期限以便承担很大的应力。依据不同型号的动力总成，起动机的型号有所不同。依据所匹配的起动机和发动机控制单元，起动机的起动时刻可能有所不同。

为了保护起动机，电子热保护功能可能要让起动机停止运行。这可能导致一个假的故障（不能起动）。需要等待 15min 以便让热保护功能停止运行。

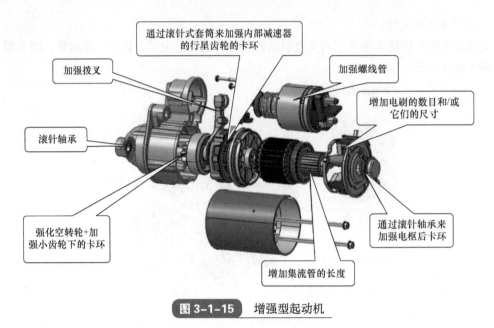

图 3-1-15　增强型起动机

这个策略就是不希望在发动机停止模式之后马上重新起动发动机。例如，在停止模式下，驾驶人想重新起动，而发动机的转速却不是 0r/min，这段时间就是一个临界值。这个策略的目的就是当发动机ECU对这些策略进行检测的时候把时间缩至最短。发动机的起动时间约为1.5s。

1.5.5　起动机控制盒

起动机控制盒的作用是对起动机的运行进行控制，由发动机控制单元来对它进行控制（图 3-1-16）。

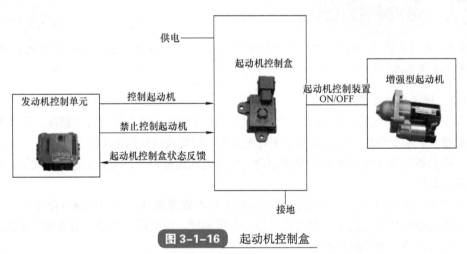

图 3-1-16　起动机控制盒

起动机控制盒有一个自动诊断功能。使用发动机控制单元中的诊断工具就能看见这些信息。

项目 3　混合动力汽车的技术特点和驱动方式

发动机控制单元通过起动机控制盒能够替换传统的系统（发动机伺服机构或者发动机继电器熔丝盒）以便控制起动机。因此，控制链简化了，就是由发动机控制单元直接通过起动机控制盒对起动机进行控制。它保证起动机激活系统的安全性避免过早起动以及严重的短路风险。它还能进行自诊断并对起动机的控制线路进行诊断。

1.5.6　网络电压保持设备（DC/DC 转换器）

DC/DC 转换器保持电流不变增加电压，以补偿发动机节能自动起停后重新起动发动机出现的电压损耗，从而为车辆各电器部件提供稳定的电源。

DC/DC 转换器由发动机控制单元发出的起动信号激活（图 3-1-17）。它主要用于日常的 12V 供电模式（电源）、重新起动阶段和首次起动阶段的 12V 支持模式（电压转换器）。

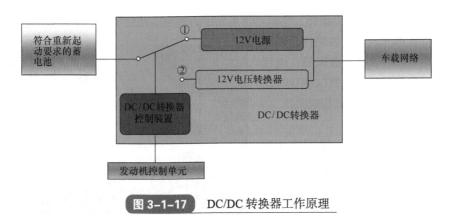

图 3-1-17　DC/DC 转换器工作原理

借助 DC/DC 转换器控制装置、AGM 蓄电池、DC/DC 转换器三个模块来保证两种模式正常运行。DC/DC 转换器控制装置能够控制网络电压维持装置的运行模式（供电模式或者转换模式）。它还能够交流、诊断并接收来自发动机控制单元的信息。AGM 蓄电池（旁路管理）能够把来自蓄电池和发电机的能源提供给日常的 12V 电源车载网络且无须使用 DC/DC 转换器。DC/DC 转换器在发动机重新起动的时候能提供一个 12V 的电压。从一个很低且不稳定的电压开始，该转换器就能够得到一个 12V 的平滑输出电压（图 3-1-18）。

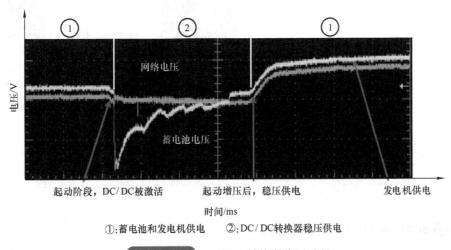

图 3-1-18　DC/DC 转换器稳压过程

在起动机投入使用的时候，蓄电池电压就下降并变得不稳定了。周边网络的电压则稍有下降，这个下降立即就被网络电压维持装置的电压支持功能所记录并使其稳定下来。一旦发动机运转，就不激活网络电压维持装置的电压支持功能了，网络电压维持装置的供电功能借助发电机重新给周边网络配送能源。

如果 DC/DC 转换器检测到一个很大的电压申请，发动机控制单元就起动发动机。

在发动机处于停止模式的时候，DC/DC 转换器使用蓄电池的能源来把部分控制单元维持在苏醒状态。但是，为了限制电力消耗，它就不给电动助力转向以及稳定性控制单元供电了。把部分控制单元维持在苏醒状态能够维持车辆的一些功能（照明、收音机、通风等）继续运行。必须要重新起动发动机以便让电动助力转向和稳定性控制单元运行起来。

1.5.7 自动起停开关

自动起停开关用于禁止停车起动功能。依据车型设备的不同，可以通过一个禁止按钮或者借助触摸屏来操作它（图 3-1-19）。

自动起停开关 LED 指示灯常亮表示驾驶人的操作或者自动起停系统默认禁止了起停功能，不能使用自动起停功能。闪烁 7 次的 LED 灯或者仪表上出现感叹号（图 3-1-20）表示出现某项故障阻止进入自动起停系统，在此情况下，每按一次按键都是相同结果。闪烁后常亮的 LED 灯表示自动起停系统不能用。

当外部温度低于 -5℃或高于 35℃的时候，自动起停功能就不激活。自动起停功能开关按钮的 LED 灯常亮，此时按下按键，多功能显示屏上有提示信息。

图 3-1-19　自动起停开关

图 3-1-20　自动起停系统故障

当温度重新变成正常的时候，自动起停功能开关按钮的 LED 灯熄灭，自动起停功能就可用了。

2. 混合动力汽车（HEV）的技术特点

丰田普锐斯是目前为止世界上最成熟的油电混合动力汽车之一。本章节以丰田普锐斯为例

项目 3 混合动力汽车的技术特点和驱动方式

进行混合动力汽车技术特点的介绍。

普锐斯混合动力汽车最初采用的是1997年丰田公司开发的第一代丰田混合动力系统。当时的电机使用电压为274V。2003年4月,丰田公司开发出第二代混合动力系统,即THS-Ⅱ。该系统也应用在丰田普锐斯车型上,2005年12月在中国长春下线。此时的电机工作电压达到了500V,并装备1.5L的1NZ-FXE发动机配合电机工作。第二代丰田混合动力系统比第一代在汽车的提速方面有明显的改进。2009年4月,丰田在普锐斯车型上安装了第三代混合动力系统。此时发动机排量改为1.8L,在中国装备5ZR-FXE发动机,国外装备2ZR-FXE发动机;并将电机工作电压进一步升到650V。同时采用电子水泵,空调压缩机电压提升到244.8V,并增加ECO和POWER模式,以改善二代混合动力系统的提速性能。

2.1 高电压蓄电池组

高电压蓄电池组的用途是可以将以后某一时刻需要使用的能量存储起来。通常将能量以另外一种能量形式进行存储,需要使用时再进行转换,以便能够将静态损失的缺点降至最低。例如存储在燃油箱内的化学能(燃油)可以在内燃机中转换为热能和机械能。在能量存储和能量转换的过程中始终会出现能量损失。高电压蓄电池组种类繁多,包括机械式、热敏式、化学式、磁场式和静电式。目前的混合动力车辆中经常将化学式高电压蓄电池组作为第二种能量来源使用。下面会对化学式高电压蓄电池组进行详细介绍。

2.1.1 铅酸蓄电池

铅酸蓄电池是一种较早的蓄电池系统(始于1850年),目前仍然有非常多的车辆使用这种蓄电池提供电能(图3-1-21)。铅酸蓄电池在车辆中被作为起动内燃机的起动电源使用。此外,也可以在发动机处于静止状态时的有限时间内为用电器提供电流。

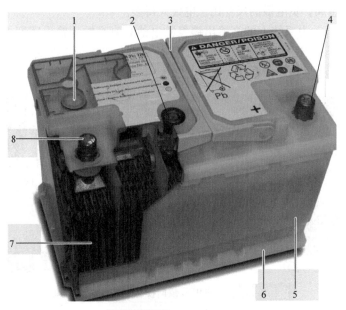

图 3-1-21　铅酸蓄电池

1—密封塞　2—电眼　3—提手　4—蓄电池的正极接线柱　5—蓄电池壳体　6—用于固定蓄电池的底部滑轨
7—由正极板组和负极板组构成的极板组　8—蓄电池的负极接线柱

电解槽主要由正负极板、隔板和组装所需部件构成。每个电解槽都输出 2 V 电压。6 个电解槽串联在一起可以提供 12 V 的蓄电池电压。

2.1.2 镍镉蓄电池

镍镉蓄电池（NiCd）经过 100 年的发展直至今日仍然还在使用。它与铅酸蓄电池的主要区别是在充电和放电期间电解液保持不变。已充电情况下镍镉电池槽的正极板为镉，负极板则为氢氧化镍，使用氢氧化钾作为电解液。这种组合方式可提供 1.2 V 的电压。其能量密度与铅酸蓄电池基本相同。

通过使用新型蓄电池系统替代 NiCd 蓄电池的主要原因是其使用了会污染环境的重金属镉和所谓的记忆效应。对镍镉蓄电池进行经常性的部分放电时会出现容量损失，这种情况被称为记忆效应。蓄电池似乎会对以前放电过程时的能量需求产生"记忆"，此时蓄电池仅能提供较小的能量而不是原来正常的能量，且电压也会随之下降。

2.1.3 镍氢混合动力蓄电池

镍氢混合动力蓄电池（NiMH 蓄电池）通常被视为 NiCd 蓄电池的下一代产品。NiMH 电池槽可以提供 1.2V 的电压。NiMH 蓄电池的能量密度约为 80 W·h/kg，几乎是 NiCd 蓄电池能量密度的两倍。在 NiMH 蓄电池中几乎不会出现前面所说的记忆效应。这种蓄电池可以在短时间内以几乎恒定的电压释放存储的电能。

NiMH 蓄电池对过度充放电、过热和电极错误的反应较为敏感，此外对温度也比较敏感。当达到冰点附近的温度时会出现明显的容量损失。正极由能够可逆存储氢的金属合金制成，氢以晶格形式存储在该合金内，这样就形成了一个氢金属电池。由氢氧化镍制成的负极位于含有 20% 的电解液中。放电时氢被氧化，同时在两个电极处产生 1.32V 的电压。为了在放电结束时防止替代氢而氧化金属，负电极的尺寸比正电极大得多。

丰田普锐斯混合动力系统上的高输出镍氢蓄电池具有高输入输出密度（单位质量的输出）和质量轻、寿命长等特点，无须利用外界电源进行充电，也无须定期交换，位于后座的行李箱中，这样可以更有效地使用车内空间（图 3-1-22）。

图 3-1-22 丰田普锐斯镍氢蓄电池安装位置

另外，它还利用车辆加速时的放电、减速时的再生制动器，以及发动机行驶时产生的剩余能量来进行充电，从而累积充电放电电流，使充电状态保持稳定。该系统不会出现过放电或过充电等现象，使用寿命非常长。

丰田普锐斯混合动力系统的高电压蓄电池由 168 个原电池（每 6 个原电池 1 组，共 28 组）

组成，额定电压为DC201.6V（1.2V×6×28）。它采用了全新的电极材料及原电池之间的连接结构，减少了高电压蓄电池的内部电阻，因此安装在普锐斯上的电池单元实现了约540W/kg的输入输出密度。

2.1.4 锂离子蓄电池

对使用锂金属阳极和非水电解质溶液锂离子蓄电池的研究开始于20世纪60年代，首先在航天和军事领域内使用了不可再次充电的锂电池。由于其自放电较小，时至今日还被用于心脏起搏器、手表和照相机。随着并非完全由金属锂构成的锂离子电池槽的面市，可充电锂电池真正实现了商业化。当今能量需求较高的便携设备（移动电话、数码相机、笔记本电脑等）基本都采用了锂离子电池为其提供能量。因为其能量密度较高，所以对电动和混合动力车辆尤为有益。此外它在放电时可提供恒定的电压且没有记忆效应。

常见锂离子电池的正极由多层锂金属氧化物制成（例如 $LiCoO_2$ 或 $LiNiO_2$），负极则由多层石墨制成，两个电极都位于无水电解液中，隔板安装在两个电极之间。锂离子的移动使锂离子电池产生一个源电压。在电池充电过程中，带有正电荷的锂离子通过电解液由正极移动至负极的石墨层。锂离子与石墨（碳）进行化合，同时不破坏石墨的分子结构。放电时锂离子重新返回至金属氧化物中，电子可以通过外部电路流至正极。锂离子和石墨层反应后在负极上可以产生一个保护层，该保护层可以让较小的锂离子通过，而电解液中的分子则无法通过。

锂离子蓄电池的自放电较小，且因为锂离子的移动力较高所以其效率可达96%。该效率的大小取决于温度，在低温下将会大幅下降。一个普通锂离子电池槽可以提供的额定电压为3.7V。锂离子电池槽的电压是镍氢蓄电池的三倍。过度放电至2.4V会导致电池出现不可逆损坏和容量损失，因此不允许过度放电。它的功率密度为300~1500W/kg，能量密度几乎是镍镉蓄电池的两倍，为95~190W·h/kg。应避免锂离子蓄电池40%容量以下的放电，因为在电极中的不可逆化学反应会造成较大的容量损失。此外，电池槽电压越高，蓄电池老化也就越快。因此还要避免对锂离子蓄电池进行100%的充电，最佳充电范围应在50%至80%之间。

使用锂离子蓄电池时应注意它的一些特点。蓄电池的机械损伤可能会导致电池槽短路。高强度电流会导致壳体熔化和起火。锂离子蓄电池的外壳虽然是密封的，但不要将它放入水中。因为锂离子电池槽将会和水发生剧烈反应，特别是在满充电的情况下。因此不能用水而应该用例如沙土扑灭燃烧的电池。因受加工条件限制，锂离子电池槽的参数各不相同，例如容量，而蓄电池是由多个电池槽共同组成的，所以必须对电池槽进行单独监控。这便是蓄电池管理系统的任务。必要时该系统可以保证各电池槽不会过充电或过放电，并保持各电池槽之间的电荷平衡。

宝马X5混合动力汽车使用的是锂离子高电压蓄电池（电池类型为NMCo/LMO混合）。锂离子电池的阳极材料原则上是锂金属氧化物。"NMCo/LMO混合"这一名称说明了这种电池类型使用的金属：一方面是镍、锰和钴的混合物，另一方面是锂锰氧化物。这种阳极材料优化了高电压蓄电池性能，如能量密度更高、使用寿命更长。阴极材料为石墨，放电时锂离子存储在石墨内。

宝马X5混合动力汽车的原电池额定电压为3.7V。由96个原电池串联（每个电池均为3.7V和26A·h），额定电压为DC355V。高电压蓄电池单元安装在行李箱内的盖板下（图3-1-23）。这样设计的优点是，可将后座椅靠背翻折成水平状态，增加储物空间。使用高电压蓄电池单元接口时，必须拆下行李箱盖板和杂物槽。

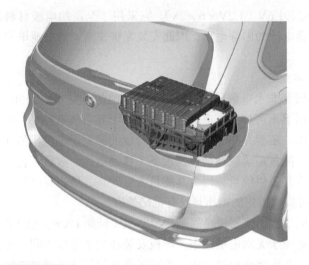

图 3-1-23　宝马 X5 混合动力汽车锂离子蓄电池安装位置

2.2 电机

电机既可以将电能转换为机械能，也可以将机械能转换为电能。根据转换能量的不同，被称为电动机（将电能转换为机械能）或发电机（将机械能转换为电能）。电机应用磁极同性相斥、异性相吸的原理，通过电流产生至少一个磁场。电机一方面可以根据电流进行分类，例如直流、交流电机，另一方面也可根据工作原理分类，如同步或异步电机。

丰田普锐斯混合动力系统采用了交流同步电机（图 3-1-24）。MG1 电机采用三相交流方式，为高电压蓄电池充电并为 MG2 电机供电。通过调节发电量（改变电机的转速），MG1 有效地控制变速驱动桥的连续可变变速器的功能。MG1 电机同样用作起动机以起动发动机。另外它还拥有小型、轻量、高效等特点，具有优秀的动力性能，可进行顺畅的起动、加速等各种操作。

图 3-1-24　丰田普锐斯混合动力系统的电机

丰田普锐斯混合动力系统中采用了"再生制动器"，它利用 MG2 电机的发电来再次利用动能。MG2 电机通常在通电后开始转动，但是当外界力量带动 MG2 电机旋转时，它又可作为发电机来发电。因此，该车可利用驱动轮的旋转力带动 MG2 电机发电，在给高电压蓄电池充电

项目 3　混合动力汽车的技术特点和驱动方式

的同时，又可利用发电时的电阻来减速。该系统在制动时与液压制动器同时控制再生制动器，完美地将原来在减速中作为摩擦热散失的动能回收为行驶用能量。城市中行驶时反复进行的调速操作具有较高的能量回收效果，所以在低速区间优先使用再生制动器。例如，普锐斯在城市中行驶 100km，即可再生相当于 1L 汽油的能量。

行星齿轮机构将发动机产生的动力分配给驱动轮和电机。采用由齿环、小齿轮、太阳齿轮、行星支架组成的行星齿轮，高效率地分配动力。行星支架的旋转轴与发动机连接，通过小齿轮带动外围的齿环和内侧的太阳齿轮。小齿轮旋转轴直接和电机连接，将驱动力传给车轮。太阳齿轮旋转轴直接和发动机连接，将发动机的动力转换为电能。

2.3　动力控制单元

使用电动机行驶的丰田普锐斯混合动力系统中安装有由变频器、增压转换器、DC/DC 转换器组成的动力控制单元，安装在发动机舱内（图 3-1-25）。

2.3.1　变频器

变频器将高电压蓄电池的直流电流转换成电机使用的交流电流。另外也将电机发出的交流电流转换成可供高电压蓄电池充电的直流电流。变频器总成内部为多层结构，主要由电容、智能动力模块、反应器、MG ECU、DC/DC 变换器等组成，如图 3-1-26 所示。

图 3-1-25　动力控制单元

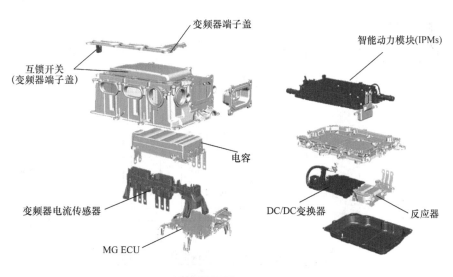

图 3-1-26　变频器

2.3.2 增压转换器

可根据需要将电机的电源电压进行无级升压，由一般情况下 DC 201.6V 最大可升至 DC 650V。增压转换器包括增压 IPM（集成功率模块）、内置的 IGBT（绝缘二极管）进行转换控制、反应器存储能量（图 3-1-27）。这意味着由小电流可提供大的电力供给，发挥高输出电机的性能，提供系统整体的效率。同时这也意味着变频器将变得更小、更轻。

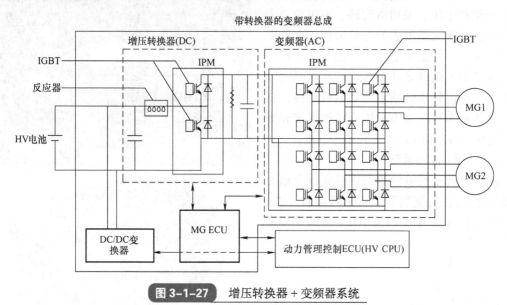

图 3-1-27　增压转换器＋变频器系统

2.3.3 DC/DC 变换器

将高电压蓄电池和发电机发出的 DC 201.6V 减压至 DC 12V，以供车辆的辅助设备（如车灯、音响设备）、电子部件 ECU 作为电源使用（图 3-1-28），一般安装在变频器的下方。

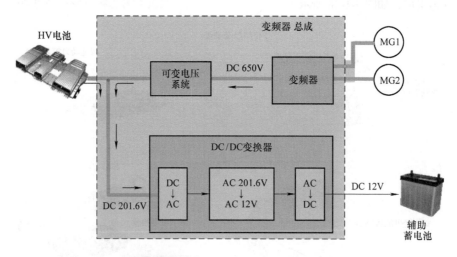

图 3-1-28　DC/DC 变换器作用示意图

2.4　辅助蓄电池

混合动力车辆一般都有一只辅助蓄电池，给车辆的车灯、音响等辅助设备，以及电子部件

项目 3　混合动力汽车的技术特点和驱动方式

ECU 供电。丰田普锐斯混合动力系统中的辅助蓄电池安装在行李箱右侧，如图 3-1-29 所示。

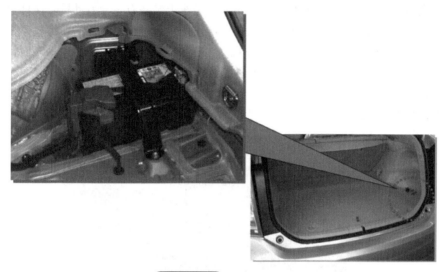

图 3-1-29　辅助蓄电池

3. 插电式混合动力汽车（PHEV）技术特点

插电式混合动力汽车与普通混合动力汽车的区别包括：普通混合动力汽车的电池容量很小，仅在起/停、加速/减速的时候供应/回收能量，不能外部充电，不能用纯电模式较长距离行驶；插电式混合动力汽车的电池相对比较大，可以外部充电，可以用纯电模式行驶，电池电量耗尽后再以混合动力模式（以内燃机为主）行驶，并适时向电池充电。下面以比亚迪-秦插电式混合动力汽车为例阐述其技术特点（图 3-1-30）。

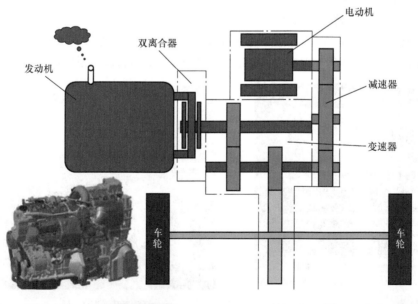

图 3-1-30　比亚迪-秦动力原理图

69

由图可看出，其发动机动力系统与电动机动力系统是孤立分开的，也就是说插电式混合动力驱动原理及驱动单元与电动车相同，唯一不同的是车上装备有一台发动机。在日常使用过程中，它又可以当作一台纯电动车来使用，只要单次使用不超过电池可提供的续航里程（一般可达 50km 以上），它就可以做到零排放和零油耗。当电池电量耗尽后可进行外部充电，如果是在行驶过程中，可以混合动力模式（以内燃机为主）行驶，并适时向电池充电。

3.1 动力电池组

动力电池组的作用是为电动机提供动力电源（图 3-1-31）。

图 3-1-31　比亚迪 - 秦动力电池组

3.2 高压配电箱

高压配电箱将电池包的高压直流电分配给整车高压电器使用，其上游是电池包，下游包括驱动电机控制器及 DC 总成、PTC 加热器、电动压缩机、漏电传感器；也将车载充电器的高压直流电分配给电池包（图 3-1-32）。

3.3 电池管理控制器（BCM）

电池管理控制器负责总电压监测、总电流监测、SOC 计算、充放电管理、接触器控制、功率控制、电池异常状态报警和保护、漏电报警、碰撞保护、自检以及通信功能等（图 3-1-33）。

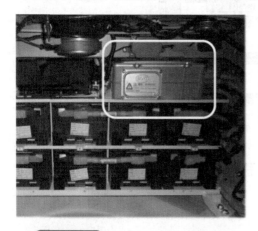

图 3-1-32　比亚迪 - 秦高压配电箱

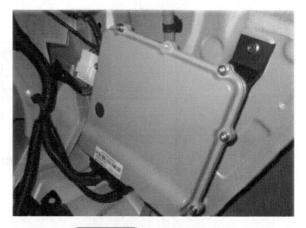

图 3-1-33　电池管理控制器

项目 3　混合动力汽车的技术特点和驱动方式

3.4　驱动电机控制器与 DC 总成

驱动电机控制器与 DC 总成的安装位置如图 3-1-34 所示。

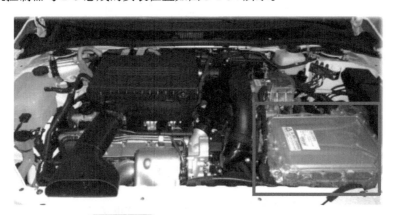

图 3-1-34　驱动电机控制器与 DC 总成

驱动电机控制器的作用是作为动力系统的总控中心，根据工况控制电机的正反转、功率、转矩、转速等；协调发动机管理系统工作；硬件采集电机的旋变、温度、制动及加速踏板开关信号；通过 CAN 通信采集制动深度、档位信号、驻车开关信号、起动命令、电池管理控制器相关数据、控制器的故障信息；内部处理的信号有直流侧母线电压、交流侧三相电流、IGBT 温度、电机的三相绕组阻值。

纯电模式下，DC 的功能替代了传统燃油车挂接在发动机上的 12V 发电机，和蓄电池并联给各用电器提供低压电源。DC 在高压（500V）输入端接触器吸合后便开始工作，输出电压标称 13.5V。发动机原地起动后，发电机发出 13.5V 直流电，经过 DC 升压转换为 500V 直流电给动力电池充电。

3.5　交流充电口总成

交流充电口又称慢充口，位于行李舱门上，用于将外部交流充电设备的交流电源连接到车辆充电回路上。车辆外部通过充电连接装置连接到交流充电设备，车辆内部通过高压电缆连接到车载充电器上（图 3-1-35）。

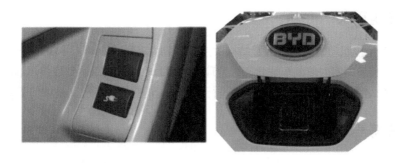

图 3-1-35　比亚迪 - 秦交流充电口总成

3.6　车载充电器

车载充电器的作用是将交流充电口传递过来的交流电源转换为直流高压电为动力电池充电（图 3-1-36）。

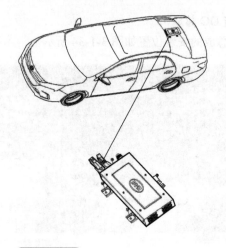

图 3-1-36　比亚迪 - 秦车载充电器

四、任务实施

任务	1. 请根据自身的认知写下你认为的混合动力汽车技术特点。 2. 请列举出不同混合动力汽车之间的区别。 3. 请写出不同混合动力汽车的结构特点。
笔记	

任务 2　混合动力汽车的驱动方式

一、任务引入

　　混合动力车型按照动力驱动的配置结构关系，可分为串联式混动、并联式混动和混联式混动。主控单元通过各传感器实时监测车辆状态，合理分配动力驱动形式以达到最佳燃油消耗率，同时满足驾驶乐趣。那么混合动力汽车究竟是如何进行动力分配的呢？各工况又是如何驱动车辆的呢？

二、任务要求

知识要求：

- 熟悉混合动力汽车的几种行驶状态。
- 熟悉混合动力汽车动力驱动的控制策略。

项目 3　混合动力汽车的技术特点和驱动方式

职业素养要求：
- 严格执行汽车检修规范，养成严谨科学的工作态度。
- 尊重他人劳动，不窃取他人成果。
- 养成总结训练结果的习惯，为下次训练积累经验。
- 养成团结协作的精神。
- 严格执行 5S 现场管理。

三、相关知识

普锐斯混合动力系统可完美地分别使用电动机和发动机来驱动，油耗与低一等级排量／车身尺寸的车辆相当，功率却与高一等级的车辆相当。与同等排量的车辆相比，其低油耗性能居世界最高水平。

为了实现最高水准的低油耗，普锐斯混合动力系统分别发挥电动机和发动机各自特长的行驶模式如图 3-2-1 所示。

图 3-2-1　普锐斯混合动力系统

1）在起动及低速行驶时，普锐斯混合动力系统仅利用电动机的动力来行驶，因为这时发动机的效率不高。

2）在一般行驶时发动机效率很高，发动机产生的动力不仅是车轮的驱动力，同时也用来发电既可带动电动机，又可以给高压蓄电池充电。

3）在减速或制动时，普锐斯混合动力系统以车轮的旋转力驱动发电机发电，将能量回收到高压蓄电池中。

1. 混合动力汽车的几种行驶状态

1.1　停车时

当发动机处于运行温度停车时（例如红灯等待时），动力系统全部停止。在停车时，发动机、电动机、发电机全部自动停止运转（图 3-2-2），不会因急速而浪费能量。高压蓄电池还可以为空调系统、车辆照明装置等提供能量。这样可以减少 CO_2 排放量并降低耗油量。当高压蓄电池的电量较低时，发动机将继续运转，以给高压蓄电池充电。

1.2　起动时

这时系统充分利用电动机起动时的低速转矩。当汽车起动时，普锐斯混合动力系统仅使用由高压蓄电池提供能量的电动机的动力起动，这时发动机并不运转（图 3-2-3）。因为发动机不能在低转速区间输出大转矩，而电动机可以灵敏、顺畅、高效地进行起动。

图 3-2-2　停车时　　　　　　　图 3-2-3　起动时

1.3　正常行驶时

这时由高效利用能量的电动机继续驱动行驶。对于发动机而言，在正常行驶时的效率并不理想，而电动机在正常行驶时性能优越。因此，在正常行驶时，普锐斯混合动力系统使用高压蓄电池的电力，驱动电动机行驶（图 3-2-4）。同时，利用发动机来带动发电机发电，为电动机提供动力或同时驱动车轮。

1.4　加速行驶时

这时车辆利用双动力来获得更高一级的加速性能。在需要强劲加速力（如爬陡坡及超车）时，高压蓄电池也提供电力，来加大电动机的驱动力（图 3-2-5）。通过发动机和电动机双动力的结合使用，普锐斯混合动力系统得以实现与高一级发动机同等水平的强劲而流畅的加速性能。

1.5　高速行驶时

在低油耗的速度区间，普锐斯混合动力系统采用发动机作为主要动力源，使它产生最高的效率。由发动机产生的动力直接驱动车轮，依照驾驶状况部分动力被分配给发电机，由发电机产生的动力用来驱动电动机和辅助发动机（图 3-2-6）。利用发动机和电动机这一双重驱动系统，发动机产生的动力以最小消耗被传向地面。高压蓄电池的电量少时，发动机输出功率会被提高以加大发电量，来给高压蓄电池充电。

1.6　减速/能量再生时

这时系统将减速时的能量回收到高压蓄电池中用于再利用。在踩制动踏板和松加速踏板时，普锐斯混合动力系统使车轮的旋转力带动电动机运转，将其作为发电机使用（图 3-2-7）。减速时通常作为摩擦热散失掉的能量，在此被转换成电能，回收到高压蓄电池中进行再利用。

项目3　混合动力汽车的技术特点和驱动方式

图 3-2-4　正常行驶时

图 3-2-5　加速行驶时

2. 混合动力汽车驱动控制策略

混合动力汽车使用发动机和电动机作为动力源，系统根据车辆各种行驶状态优化组合这两种动力源。HV ECU（蓄电池管理器）始终监控蓄电池充电状态、蓄电池温度、冷却液温度和电载荷状况。在 READY 指示灯打开、变速器处于 P 位或倒档时，如果监视项目不满足条件，则 HV ECU 发出指令起动发动机驱动电机发电并为高压蓄电池充电。

2.1　发动机起动控制

车辆起步时，仅由电机驱动。此时发动机保持停止状态。当需要增加驱动力时，电机（作为电动机）起动发动机。发动机起动控制顺序如下：点火开关接通，需要增加驱动力时燃油泵运行，高压蓄电池通过电机控制器使电机起动并提高转速，电液式分离离合器平稳接合，接着电机起动发动机（图 3-2-8）。下一状态中起动的发动机将电机作为发电机运行，给高压蓄电池充电。与此同时，电机离合器分离。如果车速变为 10km/h 以下，发动机将停止运转。

图 3-2-6　高速行驶时

图 3-2-7　减速/能量再生时

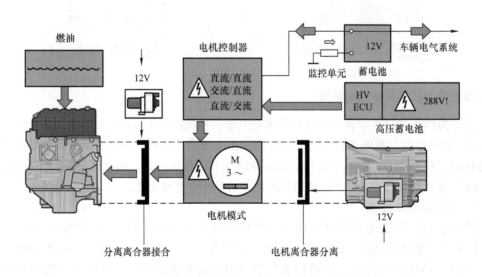

图 3-2-8　发动机起动控制

2.2　起步和低速行驶控制（EV 模式）

在混合动力系统上，如果车速低于 10km/h，发动机将停止运转。此时发动机离合器分离，这样发动机不会反作用倒拖。车辆由高压蓄电池通过电机控制器使电机起动，电机通过电机离合器的接合来单独驱动驱动轮（图 3-2-9）。

项目 3　混合动力汽车的技术特点和驱动方式

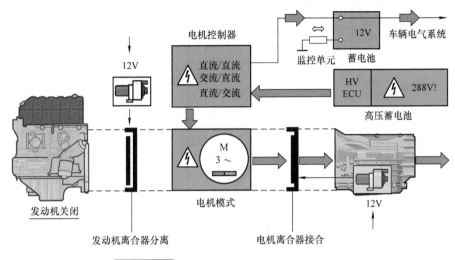

图 3-2-9　起步和低速行驶控制（EV 模式）

除此之外，车辆完全电动模式的运行取决于驾驶人的意愿、高压蓄电池的充电状态和车辆电气系统的电能需求。当产生高载荷请求或者缺少电能时，发动机会按要求起动。如果在 EV 行驶模式中需要起动发动机，为了不改变传至驱动轴的驱动转矩，发动机离合器在接合的同时电机离合器打滑。系统通过调节电机离合器的滑动比来控制发动机转速保持在 1000r/min 以上，以防止发动机失速。当车辆在行驶但是发动机关闭时，使用电气驱动单元也可保证冷却系统、制动伺服泵、液压转向辅助、空调压缩机等的正常运行。

2.3　加速行驶控制（混合模式）

如果完全踩下加速踏板，此时发动机和电机离合器均接合，由燃油泵和高压蓄电池作为动力源，发动机和电机共同驱动混合动力车辆（图 3-2-10）。电机主要按照驾驶人的意愿和高压蓄电池的电量水平来辅助加速车辆。电机的辅助加速功能是有限的，因为高压蓄电池在这种情况下一直处于放电状态。车辆电气系统由车辆蓄电池供电。车辆蓄电池根据当时自身的充电状态以及车辆电气系统的负载情况按需要进行充电。

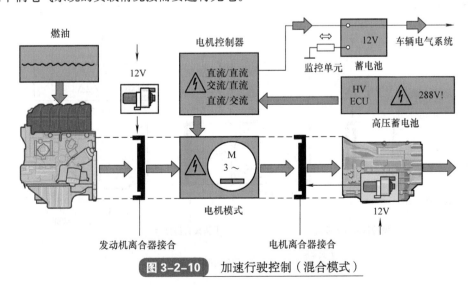

图 3-2-10　加速行驶控制（混合模式）

2.4 高速行驶控制（发动机模式）

当在高速行驶时，混合动力车辆由发动机单独驱动，电机处于发电机模式，类似于传统车辆的驱动方式。高压蓄电池和车辆蓄电池同时在充电（图3-2-11）。

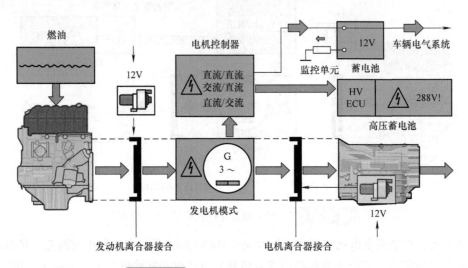

图 3-2-11　高速行驶控制（发动机模式）

车辆蓄电池按照需要进行充电，这种充电需求是根据监控单元提供的直流/直流变压器输出电压参数来判断的。车辆电气系统由发电机供电。特别是在低油耗的轻载荷工作范围中，发动机还驱动电机来给高压蓄电池充电。发电机模式是很高效节能的。发电机的发电量由车辆电气系统的电能需求和高压蓄电池的充电状态决定。

2.5　D位或制动减速滑行控制

混合动力车辆以D位或制动减速滑行时，发动机离合器分离，发动机关闭。电机离合器完全接合，作为发电机的电机进入完全发电模式（图3-2-12）。回收到高压蓄电池中的能量多少由发电机输出、两个蓄电池的充电状态和车辆电气系统的电能需求共同决定。

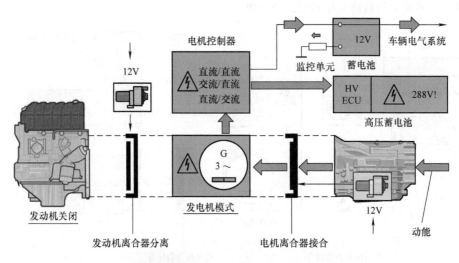

图 3-2-12　D位或制动减速滑行控制

项目 3　混合动力汽车的技术特点和驱动方式

在纯滑行模式中，回收的动能减少，发电机开始主要给车辆电气系统供电。这样反而减小了发电机的制动转矩，车辆的滑行距离加大。

当以滑行模式下坡时（大约4%的下坡坡度），动能回收会加大，并利用由此产生的制动转矩防止车辆行驶过快。

如果是轻微制动，车轮制动器的制动摩擦片只是轻靠在制动盘上，并不产生制动效果，而是由发电机发电时消耗大量动能产生制动作用。车辆可以不用车轮制动器进行制动，以回收大量的动能。

如果制动滑行时发动机关闭但没有和电机切断，此时能量流动和发动机关闭时的滑行模式相似。车辆滑行时，由于发动机离合器未打开，发动机在切断燃油供给的情况下处于倒拖状态（图3-2-13）。由于发动机被倒拖消耗了能量，造成回收的动能减少。除此之外，这种运行模式还受车速和发动机运行状态影响。

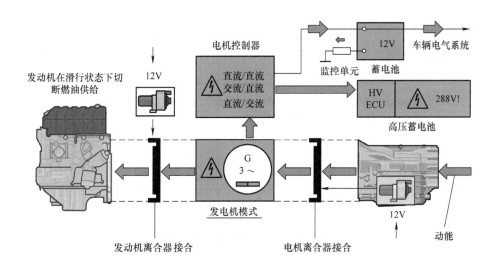

图 3-2-13　制动滑行时发动机倒拖状态

2.6　停车时充电控制

在混合动力系统中，如果冷却液温度、充电状态、蓄电池温度和电载荷状态未满足条件，即使驾驶人按下起动按钮、READY灯打开，发动机也不会运转。在这种状态下，发动机、电机均停止工作。

在READY指示灯打开、变速器处于P位或倒档时，如果监视项目满足条件，则能顺利起动发动机。发动机离合器接合带动电机运转（作为发电机使用），通过电机控制器为高压蓄电池和辅助蓄电池充电。为了防止电机驱动驱动轮，电机离合器分离（图3-2-14）。

插电式混合动力车辆也可以通过交流电桩或家用交流插座充电。

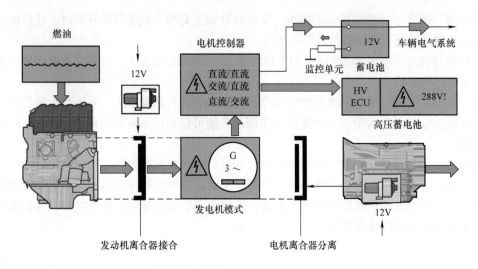

图 3-2-14 停车时充电控制

四、任务实施

任务	1. 请列举出混合动力汽车的几种行驶状态的特点。 2. 请列举出混合动力汽车不同的控制策略。
笔记	

任务 3 混合动力汽车结构认知

一、任务引入

与普通车辆相比，混合动力车辆在结构上增加了驱动电机、动力电池及高压控制系统等部件，因此混合动力系统是综合了不同的动力单元，以最大限度地发挥各自的长处，弥补其他方面的短处的新一代动力系统。一个典型的油电混合动力系统，能将发动机高转速下的高效率与电动机（无须外接电源）低转速下的大转矩以最有效的方式结合起来，在保持低油耗的同时实现出色的行驶性能。既然混合动力汽车有这么多优点，那么您对它的结构熟悉吗？

二、任务要求

知识要求：

- 掌握混合动力汽车结构组件的名称。

80

项目 3　混合动力汽车的技术特点和驱动方式

技能要求：

- 能够在混合动力汽车（HEV、PHEV）上识别出各组件。

职业素养要求：

- 严格执行汽车检修规范，养成严谨科学的工作态度。
- 尊重他人劳动，不窃取他人成果。
- 养成总结训练结果的习惯，为下次训练积累经验。
- 养成团结协作的精神。
- 严格执行 5S 现场管理。

三、相关知识

1. 油电混合动力汽车（HEV）结构组成

1.1　丰田普锐斯混合动力系统组成

丰田普锐斯混合动力系统组成如图 3-3-1 所示。高压系统基本上能以最理想的方式满足驾驶人的需求。为了解驾驶人的意图，加速踏板和变速杆的位置信号被输送给高压系统；用发动机 ECU 控制汽油发动机，用防滑控制 ECU 控制制动系统，用变频器和转换器控制电动机和发电机。高压电从高压蓄电池经过系统主继电器到变频器和转换器，然后直流电变为 MG1 和 MG2 需要的交流电，也转换为空调压缩机和 EPS 需要的交流电及辅助蓄电池需要的直流电。

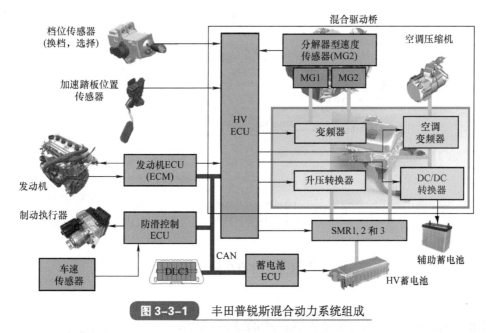

图 3-3-1　丰田普锐斯混合动力系统组成

1.2　丰田普锐斯混合动力系统组件安装位置

丰田普锐斯混合动力系统车身及发动机舱组件如图 3-3-2 所示。

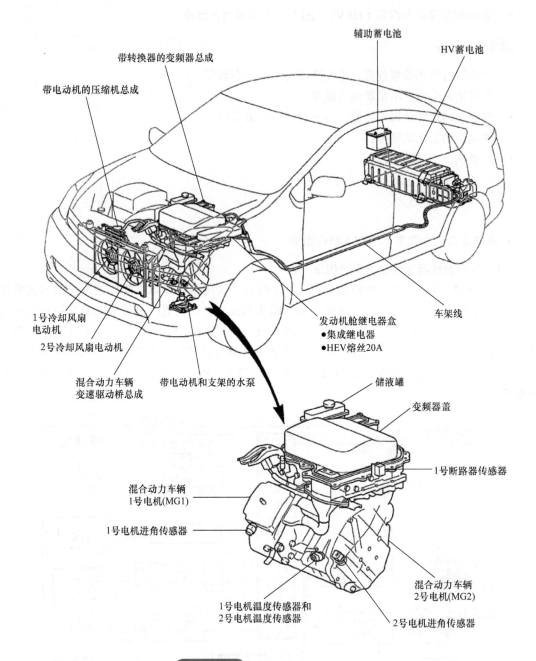

图 3-3-2　车身及发动机舱组件

丰田普锐斯混合动力系统驾驶室内组件如图 3-3-3 所示。

项目3　混合动力汽车的技术特点和驱动方式

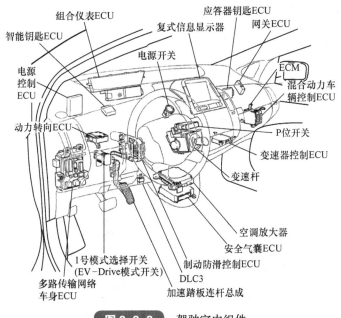

图 3-3-3　驾驶室内组件

丰田普锐斯混合动力系统高压蓄电池组件如图3-3-4所示。

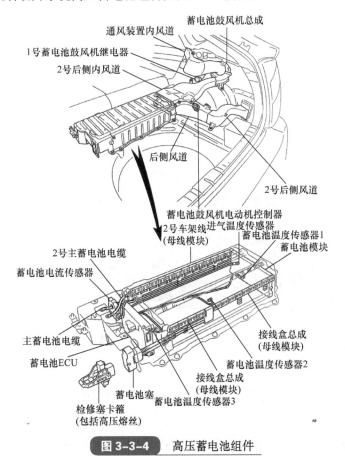

图 3-3-4　高压蓄电池组件

2. 插电式混合动力汽车（PHEV）结构组成

2.1 比亚迪-秦插电式混合动力系统组成

比亚迪-秦混合动力系统主要由1.5T涡轮增压发动机、6速双离合变速器、主减速器、电动机、动力电池组、高压配电箱、电池管理控制器、电机控制器与DC总成、充电器及外接充电插头等部件组成。

2.2 比亚迪-秦插电式混合动力系统各组件安装位置

比亚迪-秦插电式混合动力系统发动机舱组件如图3-3-5所示。

比亚迪-秦插电式混合动力系统底盘高压组件如图3-3-6所示。

图 3-3-5　发动机舱主要组件

图 3-3-6　底盘高压组件

比亚迪-秦插电式混合动力系统驾驶室内部高压组件如图3-3-7所示。

图 3-3-7　驾驶室内部高压组件

比亚迪-秦插电式混合动力系统行李箱内部高压组件如图3-3-8所示。

项目 3　混合动力汽车的技术特点和驱动方式

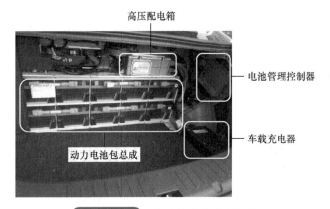

图 3-3-8　行李箱内部高压组件

比亚迪 - 秦插电式混合动力系统整车高压线路分布图如图 3-3-9 所示。

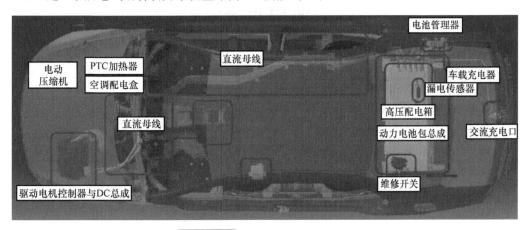

图 3-3-9　整车高压线路分布图

四、任务实施

1. 任务准备

安全防护：注意车辆或台架电压保护。
工具设备：作业保护设备（车外、车内三件套）；安全设施（车轮挡块、警示隔离带等）。
台架车辆：普锐斯整车或台架，比亚迪 - 秦整车或台架。
辅助资料：教材、卡片、喷胶、水彩笔。

2. 实施步骤

任务	1. 请列举丰田普锐斯的结构组件，并在整车或台架上用卡片进行标注。 2. 请列举比亚迪 - 秦的结构组件，并在整车或台架上用卡片进行标注。
笔记	

85

项目 4

纯电动汽车的技术特点和驱动方式

项目描述

本项目共 3 个学习任务，分别是：

任务 1：纯电动汽车的技术特点；

任务 2：纯电动汽车的驱动方式；

任务 3：纯电动汽车结构认知。

通过 3 个任务的学习，熟悉纯电动汽车的技术特点及驱动方式，掌握纯电动汽车的结构组成并能找到各组件的位置。

任务 1　纯电动汽车的技术特点

一、任务引入

纯电动汽车综合了不同高压控制单元，以电动机代替传统汽车的内燃机，电力驱动及控制系统是其技术核心。高压控制系统将动力电池的电能合理有效地输送到驱动电机，使得其各种工况下的行驶状态达到传统内燃机汽车的效果。那么纯电动汽车究竟有哪些特点呢？它和传统汽车又有哪些区别呢？

二、任务要求

知识要求：

- 熟悉纯电动汽车的技术特点。

项目 4　纯电动汽车的技术特点和驱动方式

职业素养要求：

- 严格执行汽车检修规范，养成严谨科学的工作态度。
- 尊重他人劳动，不窃取他人成果。
- 养成总结训练结果的习惯，为下次训练积累经验。
- 养成团结协作的精神。
- 严格执行 5S 现场管理。

三、相关知识

纯电动汽车是指以车载电源为动力，用电机驱动车轮行驶，符合道路交通、安全法规各项要求的车辆。纯电动汽车与插电式混合动力汽车相比，工作电压更高、行驶噪声很低，充电器可以和转换器集成在同一个壳体中。车辆电气系统的所有用电器（包括加热器和空调系统），都可以在车辆静止情况下由电动机驱动。下面以比亚迪 e5 为例介绍纯电动汽车的技术特点。

1. 车型技术配置

比亚迪 e5 为一款新能源、新动力、零排放的纯电动轿车，它主要由低压配电系统、高压电器系统、动力系统、冷却、制动及转向系统组成，见表 4-1-1。

表 4-1-1　比亚迪 e5 车辆技术配置

配置名称	配置名称
动力总成	灯光配置
电机（160kW）	自动开启前照灯
变速器（单档）	"Follow me home" 前照灯延时关闭
外部配置	多媒体配置
带充电口前格栅	单碟 CD
电动外后视镜（手动折叠）	AUX+USB 接口
电动车窗	4 音扬声器
后行李箱遥控开启	安全配置
铝合金车轮	ABS（带 EBD）
轮胎 205/55R16	前排三点式预紧限力安全带
钢轮备胎	前排安全带未系声光报警
VTOG 交流充电	前排双安全气囊
国标交流充电口	智能钥匙系统
国标直流充电口	REPS 电动助力式转向系统
内部配置	EPB 电子驻车制动
深色内饰	座椅配置
全皮型转向盘+仪表控制+音响控制	皮座椅
车载终端	主驾座椅 6 向手动调节
TFT 液晶组合仪表	副驾座椅 4 向手动调节
自动空调	前排座椅高度可调头枕
ECO 经济模式选择	计价器接口（e5 出租车版）
预约充电	

2. 低压配电结构

低压铁电池与 DC 低压输出端并联，通过正极熔丝盒为整车低压电器提供 13.8V 电源（图 4-1-1）。

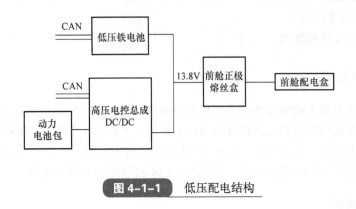

图 4-1-1　低压配电结构

3. 高压系统结构

3.1　动力总成系统

动力总成由动力电机和变速器组成。动力电机根据结构分为直流有刷电机和直流无刷电机以及交流电机。永磁同步电机系统以其高效、高控制精度、高转矩密度等特点在纯电动汽车电驱动系统中具有很高的应用价值，同时要求其能在车辆使用环境下具有良好的动态性能。纯电动汽车对电机也有较高的要求，为满足在纯电动模式下起动及纯电动续驶里程、加速和高速行驶的要求，纯电动汽车需要较大输出功率、低速时高转矩和调速范围宽的电机；另外考虑到整车布置和使用寿命等因素，应尽量选取高密度、小型轻量化、高效率、高可靠性、高耐久性、强适应性的电机。就现有技术而言，永磁同步电机是个较好的选择。

比亚迪纯电动汽车现在使用的电机为交流无刷永磁同步电机，通过采集电机旋变信号进行工作（图 4-1-2）。动力电机额定功率 80kW，最大输出转矩 310N·m，电机由转子、定子、旋变传感器及温度传感器组成，电机采用水冷方式。电机驱动汽车前进后退，也可以在滑行、制动过程中将动能转化为电能。

动力电机根据冷却形式分风冷和水冷。比亚迪 e5 车型的冷却系统由电动水泵提供动力，如图 4-1-3 所示。低温冷却液通过冷却管路由散热器流向待散热元件（电机控制器、DC/DC、电机），冷却液在待散热元件处吸收热量后，再通过冷却管路流经散热器进行散热，之后进行下一个循环。电子风扇总成采用吸风式双风扇，通过串联调速电阻的方式来实现风扇的高低速档分级，从而降低风扇的噪声，提高整车舒适性。

因为电机可提供较大有效转速范围，所以纯电动汽车的变速器只需要一个档位，即只有一个固定传动比。转速为零时内燃机不提供转矩，而电机则完全不同：从零转速起便开始提供较高转矩，因此纯电动汽车的变速器也不需要离合器来进行起步或更换档位。

3.2　高压控制系统总成

比亚迪 e5 高压控制总成采用集成方式，分别包含双向交流逆变式电机控制器（VTOG）、高压配电箱和漏电传感器、车载充电器（预留）、DC/DC 转换器（图 4-1-4）。

项目 4　纯电动汽车的技术特点和驱动方式

图 4-1-2　比亚迪 e5 纯电动汽车动力总成

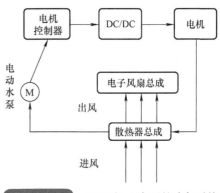

图 4-1-3　比亚迪 e5 车型的冷却系统

3.3　动力电池组

动力电池组是为整车提供动力能源的设备，比亚迪 e5 纯电动汽车采用磷酸铁锂电池。磷酸铁锂动力电池是用磷酸铁钴锂材料作电池正极的锂离子电池，它是锂离子电池家族的新成员。

比亚迪 e5 纯电动汽车的动力电池采用 13 个电池组串联，其额定电压约 633.6V（表 4-1-2）。

图 4-1-4　高压控制系统总成

表 4-1-2　动力电池参数

磷酸铁锂电池	参数
电池包容量	75A·h
额定电压	633.6V（以实车为准）
储存温度	−40~40℃，短期储存（3 个月）20% ≤ SOC ≤ 40%
	−20~35℃，长期储存（<1 年）30% ≤ SOC ≤ 40%
质量	≤ 490kg

3.4　电池管理系统

比亚迪 e5 纯电动汽车动力电池管理器作为监控动力电池组、保证电池组正常工作的监控单元而存在，主要目的是保证每节串联电池的电压、电流、温度等各项性能指标的一致性（图 4-1-5）。

电池的原理像木桶效应，某一节成为短板的话，所有电池性能都将按照这一节性能计算，这对电池可靠性提出极高的要求。为了防止过充、过放、过温等一系列影响单节电池性能的问题出现，通过电池管理单元进行监控，时时保证电池工作在正常工作状态下。

动力电池管理器是纯电动汽车动力控制部分的核心，负责整车电动系统的电力控制并实时监测高压电力系统的用电状态，采取保护措

图 4-1-5　动力电池管理器

施,保证车辆安全行驶。比亚迪 e5 纯电动汽车的电池管理器安装在车辆的后部,同时高压配电箱还与其配合。

3.5 充电口总成

比亚迪 e5 纯电动汽车配有两个充电口,大的充电口可用于直流快充,小的充电口可通过家用 220V 插座和交流充电柜接入,再通过车载充电设备将高压交流电转为高压直流电给动力电池充电(图 4-1-6)。

图 4-1-6 充电口总成

比亚迪 e5
充电口讲解

高压控制系统总成、动力电池、空调压缩机、电机、PTC 制热模块等工作电压均超过人体安全电压,高达 316V 以上。操作时请注意规范、安全。

四、任务实施

任务	请列举出纯电动汽车的技术特点。
笔记	

任务 2　纯电动汽车的驱动方式

一、任务引入

纯电动汽车的驱动系统到底是怎么工作的呢?它又是怎么布置的呢?各有什么特点?通过本任务的学习,学生能够熟悉纯电动汽车的驱动方式。

项目 4　纯电动汽车的技术特点和驱动方式

二、任务要求

知识要求：

- 熟悉纯电动汽车几种行驶状态。
- 熟悉纯电动汽车动力驱动的控制策略。

职业素养要求：

- 严格执行汽车检修规范，养成严谨科学的工作态度。
- 尊重他人劳动，不窃取他人成果。
- 养成总结训练结果的习惯，为下次训练积累经验。
- 养成团结协作的精神。
- 严格执行 5S 现场管理。

三、相关知识

纯电动汽车和传统车辆或混合动力车辆不同的是，它的驱动源只有电机。纯电动汽车传动装置的作用是将电机的驱动转矩传给汽车的驱动轴。因为电机可以带负载起动，所以纯电动汽车上可以没有传统内燃机汽车的离合器。并且驱动电机的换向可以通过电路控制来实现，因此，电动汽车也可以没有内燃机汽车变速器中的倒档。当采用电机无级调速控制时，纯电动汽车可以省去传统汽车的变速器。在采用电动轮驱动时，纯电动汽车也可以省去传统内燃机汽车传动系统的差速器。

针对驱动轮所施加驱动转矩的来源来说，纯电动汽车所采用的驱动方式总体上可分为两种：集中驱动和车轮独立驱动。

集中驱动利用一个动力源通过变速器和减速器（或只通过减速器）降速增矩，最后经差速器将驱动转矩大致平均地分配给左右驱动半轴，可以采用前轮驱动、后轮驱动或四轮驱动的形式，其结构如图 4-2-1 所示。

车轮独立驱动是利用多个动力源分别驱动单个车轮，可以分为两轮独立驱动和四轮独立驱动，其结构如图 4-2-2 所示。

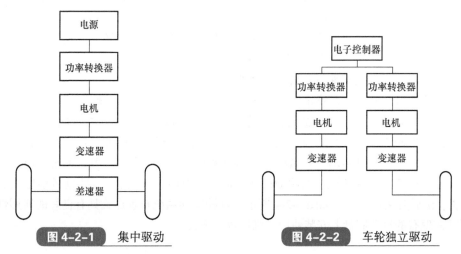

图 4-2-1　集中驱动　　　　　　　图 4-2-2　车轮独立驱动

1. 集中驱动

纯电动汽车的集中驱动系统布置形式目前主要有三种典型结构,即传统的驱动方式、电机-驱动桥组合式驱动方式、电机-驱动桥整体式驱动方式。

1.1 传统驱动系统布置形式

如图 4-2-3a 所示,该驱动系统仍然采用内燃机汽车的驱动系统布置方式,包括离合器、变速器、传动轴和驱动桥等总成,只是将内燃机换成电机,属于改造型电动汽车。这种布置方式可以提高纯电动汽车的起动转矩,增加低速时纯电动汽车的后备功率。这种驱动系统布置形式有电机前置-驱动桥前置、电机前置-驱动桥后置等驱动模式。但是,这种驱动系统布置形式结构复杂、效率低,不能充分发挥驱动电机的性能。在此基础上,还有一种简化的传统驱动系统布置形式,如图 4-2-3b 所示,采用固定速比减速器,去掉离合器。这种驱动系统布置形式可减小机械传动装置的质量,缩小其体积。

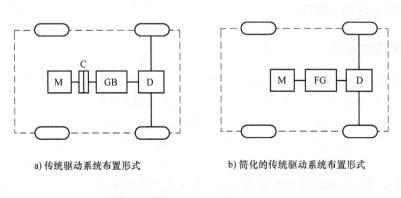

a) 传统驱动系统布置形式　　　　　　b) 简化的传统驱动系统布置形式

图 4-2-3　传统驱动系统布置形式

C—离合器　D—差速器　FG—固定速比减速器　GB—变速器　M—驱动电机

传统驱动系统的工作原理类同于传统汽车,离合器是用来切断或接通驱动电机到车轮之间传递动力的机械装置,变速器是一套具有不同速比的齿轮机构。驾驶人按需要来选择不同的档位,使得低速时车轮获得大转矩、低转速,而高速时车轮获得小转矩、高转速。由于采用了调速电机,其变速器可相应简化,档位数一般有一个就够了,倒档也可利用驱动电机的正反转来实现。驱动桥内的机械式差速器使得汽车在转弯时左右车轮以不同的转速行驶。这种模式主要用于早期的纯电动汽车,省去了较多的设计,也适于对原有汽车的改造。

1.2 电机-驱动桥组合式驱动系统布置形式

电机-驱动桥组合式驱动系统布置形式的特点是在驱动电机端盖的输出轴处加装减速齿轮和差速器等部件,电机、固定速比减速器、差速器的轴互相平行,一起组合成一个驱动整体。它通过固定速比的减速器来放大驱动电机的输出转矩,但没有可选的变速档位,也就省掉了离合器。这种布置形式的机械传动机构紧凑,传动效率较高,便于安装。但这种布置形式对驱动电机的调速要求较高。按传统汽车的驱动模式来说可以有驱动电机前置-驱动桥前置或驱动电机后置-驱动桥后置两种方式,如图 4-2-4 所示。这种驱动系统布置形式具有良好的通用性和互换性,便于在现有的汽车底盘上安装使用,维修也较方便。

项目 4　纯电动汽车的技术特点和驱动方式

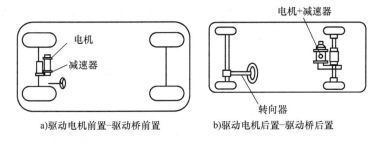

a) 驱动电机前置-驱动桥前置　　b) 驱动电机后置-驱动桥后置

图 4-2-4　电机 - 驱动桥组合式驱动系统布置形式

1.3　电机 - 驱动桥整体式驱动系统布置形式

电机 - 驱动桥整体式驱动系统布置形式与发动机横向前置 - 前轮驱动的内燃机汽车的布置形式类似，把电机、固定速比减速器和差速器集成为一个整体，两根半轴连接驱动车轮。电机 - 驱动桥整体式驱动系统布置形式采用同轴式，如图 4-2-5 所示。

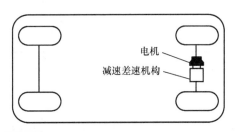

图 4-2-5　电机 - 驱动桥整体式驱动系统布置形式

同轴式驱动系统的电机轴是一种特殊制造的空心轴，在电机左端输出轴处的装置有减速齿轮和差速器，再由差速器带动左右半轴，左半轴直接由差速器带动，而右半轴通过电机的空心轴来带动。

2. 车轮独立驱动

车轮独立驱动布置形式目前主要有两种典型结构，即双联式驱动方式和轮毂电机驱动方式。

2.1　双联式独立驱动

双联式驱动系统也称为双电机驱动系统，由左右两台永磁电机直接通过固定速比减速器分别驱动两个车轮，左、右电机由中间的电控差速器控制，每个驱动电机的转速可以独立地调节控制，便于实现电子差速而不必选用机械差速器，如图 4-2-6 所示。

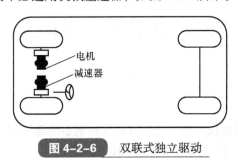

图 4-2-6　双联式独立驱动

93

双联式驱动系统具有结构更紧凑、传动效率高、质量轻、体积小、安装方便的特点，并具有良好的通用性和互换性，在小型电动汽车上应用最普遍。

2.2 轮毂电机独立驱动

轮毂电机直接装在汽车车轮里，主要有内定子外转子和内转子外定子两种结构，如图4-2-7所示。

内定子外转子轮毂电机独立驱动系统布置形式采用低速内定子外转子电机，其外转子直接安装在车轮的轮缘上，可完全去掉变速装置，驱动电机转速和车轮转速相等，车轮转速和车速控制完全取决于驱动电机的转速控制。由于不通过机械减速，通常要求驱动电机为低速大转矩电动机。这种形式又称为电动轮，其结构简单，不需要齿轮变速传动机构，但体积大、质量大、成本高。

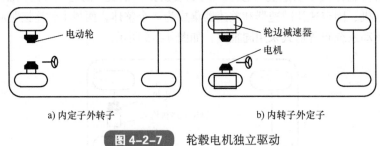

a) 内定子外转子　　　　　　　　b) 内转子外定子

图 4-2-7　轮毂电机独立驱动

内转子外定子轮毂电机独立驱动系统布置形式采用一般的高速内转子外定子电机，其转子作为输出轴与固定减速比的行星齿轮变速器的太阳轮相连，而车轮轮毂通常与其齿圈连接。它能提供较大的减速比，来放大其输出转矩。驱动电机装在车轮内，形成轮毂电机，可进一步缩短从驱动电机到驱动轮的传递路径。它采用高速内转子电机，转速约为10000r/min，需装固定速比减速器来降低车速，一般采用高减速比行星齿轮减速装置，安装在电机输出轴和车轮轮缘之间，且输入轴和输出轴可布置在同一条轴线上。高速内转子电机具有体积小、质量轻和成本低的优点，但它需要加行星齿轮变速机构。

采用轮毂电机驱动可大大缩短从驱动电机到驱动车轮的传递路径，不仅能腾出大量的有效空间，便于总体布局，而且内定子外转子结构形式大大提高了对车轮的动态响应控制性能。每台驱动电机的转速可独立调节控制，便于实现电子差速，既省去了机械差速器，也有利于提高汽车转弯时的操控性。轮毂电机独立驱动在汽车上的布置方式可以有双前轮驱动、双后轮驱动和前后四轮驱动等模式。轮毂电机独立驱动方式应是未来纯电动汽车驱动系统的发展方向。

任务3　纯电动汽车结构认知

一、任务引入

纯电动汽车主要由驱动电机、动力电池及高压控制系统等部件组成。这些部件装在车辆的什么位置？它们具备什么功用？您对它们的结构熟悉吗？

项目 4　纯电动汽车的技术特点和驱动方式

二、任务要求

知识要求：

- 掌握纯电动汽车结构组件的名称与功用。
- 了解纯电动汽车的工作原理。

技能要求：

- 能够在纯电动汽车上识别出各组件。

职业素养要求：

- 严格执行汽车检修规范，养成严谨科学的工作态度。
- 尊重他人劳动，不窃取他人成果。
- 养成总结训练结果的习惯，为下次训练积累经验。
- 养成团结协作的精神。
- 严格执行 5S 现场管理。

三、相关知识

1. 纯电动汽车的结构组成

纯电动汽车主要由高压（HV）电池组、驱动电机、控制系统及安全保护系统等组成（图 4-3-1）。

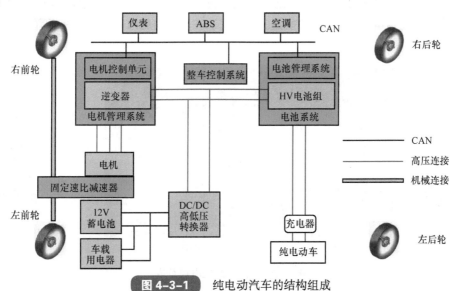

图 4-3-1　纯电动汽车的结构组成

HV 电池组是纯电动汽车的能源。驱动电机用于将 HV 电池组的电能转化为机械能，驱动车辆行驶。控制系统是核心部件，具备 7 大功能：与整车通信（整车控制系统）；控制电机（电机控制单元）；发出信号控制起步；发出信号控制高压蓄电池通断电（电池管理系统）；控制

ACC 断电（整车控制系统）；控制将蓄电池提供的直流电转换为电机需要的交流电（DC/AC 转换器），将电机发出的交流电转换为直流电来为蓄电池充电（逆变器）；接收系统各开关及传感器输入的信号（整车控制系统）。

1.1 动力总成

比亚迪纯电动汽车现在使用的电机为交流无刷永磁同步电机，通过采集电机旋变信号进行工作（图 4-3-2）。动力电机最大功率为 160kW。电机由外圈的定子与内圈的转子组成，是汽车的唯一动力源，可向外输出转矩，驱动汽车前进后退；同时也可以作为发电机发电（例如，在高坡下滑、高速滑行以及制动过程中把势能或者动能通过电机转化为电能存储）。

比亚迪 e5 车型的冷却系统由电动水泵提供动力，如图 4-3-3 所示。

图 4-3-2 比亚迪 e5 纯电动汽车动力总成

图 4-3-3 比亚迪 e5 车型的冷却系统

1.2 高压电控总成

高压电控总成内部集成了双向交流逆变式电机控制器（VTOG）、高压配电箱和漏电传感器、车载充电器（预留）、DC/DC 转换器。它们安装在车辆前舱内，如图 4-3-4 所示。

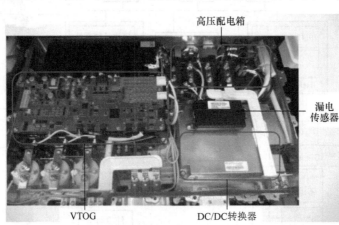

图 4-3-4 高压电控总成

高压电控总成的主要功能包括：

1）控制高压交/直流电双向逆变，驱动电机运转，实现充、放电功能（VTOG、车载充电器）。

2）实现高压直流电转化成低压直流电为整车低压电器系统供电（DC/DC）。

项目 4　纯电动汽车的技术特点和驱动方式

3）实现整车高压回路配电功能以及高压漏电检测功能（高压配电箱和漏电传感器模块）。

4）直流充电升压功能。

5）CAN 通信、故障处理记录、在线 CAN 烧写以及自检等功能。

1.3　动力电池组

比亚迪 e5 纯电动汽车采用 1 个电池管理控制器（BMC）和 13 个电池信息采集器（BIC）以及 1 套动力电池采样线（图 4-3-5），最大行驶里程为 300km。

图 4-3-5　比亚迪 e5 纯电动汽车的动力电池组

动力电池组外部由密封盖板、钢板压条、电池托盘等组成（图 4-3-6）。

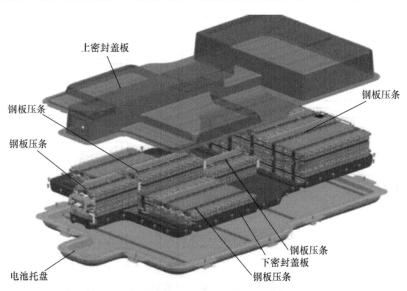

图 4-3-6　动力电池组外部组成

动力电池组内部由电池模组、动力连接片、连接电缆、采集器、采样线、电池组固定压条、密封条等部件组成（图 4-3-7）。

比亚迪 e5 电动助力转向讲解

比亚迪 e5 动力电池讲解

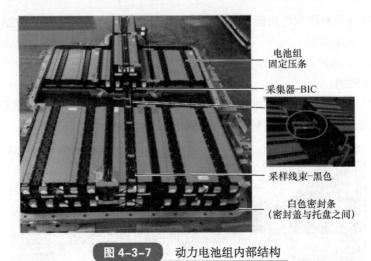

图 4-3-7　动力电池组内部结构

1.4　动力电池管理器

动力电池管理器是纯电动汽车动力控制部分的核心，负责整车电动系统的电力控制并实时监测高压电力系统的用电状态，采取保护措施，保证车辆安全行驶。比亚迪 e5 纯电动汽车电池管理器安装在高压电控总成的后方，同时高压配电箱还与其配合，如图 4-3-8 所示。

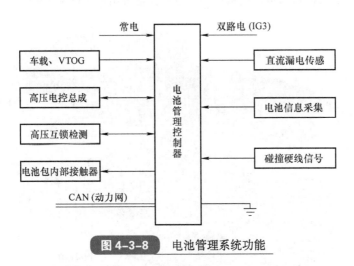

图 4-3-8　电池管理系统功能

1.5　主控制器（主控 ECU）

比亚迪 e5 纯电动汽车主控制器是车辆的管理控制单元，安装在副仪表台（图 4-3-9）。主要功能是通过对 CAN 总线上的信息进行综合判断，实现对各个 ECU 的监控、管理和协调工作。通过对其他 ECU 发过来的信息以及自身采集到的信号进行判断和处理，它可以确保纯电动汽车上各主要用电设备正常工作；当检测到异常情况时，会发出一些如限流、关闭空调等控制要求；同时，将故障码存储在自身的存储器中，在紧急情况下，保障车辆的安全。它还能对冷却风扇电动机进行控制，确保车辆水冷系统及时散热；对真空助力系统的真空泵进行控制，将真空气罐的真空度控制在合适的范围以内，确保提供充分的制动助力，并在其失效时采取有效措施以保证安全；对车速、行驶里程进行测试和计算，并将计算结果通过 CAN 总线发送给显示仪表进行显示输出。

项目4 纯电动汽车的技术特点和驱动方式

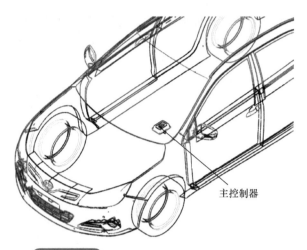

图 4-3-9 比亚迪 e5 纯电动汽车主控 ECU

主控 ECU 主要实现的功能（车型不同，功能可能不一样）如下：

1）真空泵控制：通过对真空压力传感器和制动传感器的监测，实现对真空泵的控制，以确保提供足够的制动助力。

2）风扇控制：通过对冷却液温度进行监测，并且参考户外温度来控制冷却风扇与冷凝风扇，以确保电机、空调等系统能在正常温度下工作。

3）车速信号处理：通过对车速传感器信号的采集，实现车速、里程的计算和为其他系统提供较好的车速信号。

4）碰撞信号的采集与发送。

1.6 其他高压辅助设备

1）漏电保护器：通过将一端和负极相连，一端与车身连接，检测电流和电压值，一旦发现有超出限制的电流和电压，则发出警告，并切断控制模块，保证用电安全。动力蓄电池系统泄漏电流量不超过 2mA；整车绝缘电阻值应大于 $100\Omega/V$。

2）档位控制器：用来控制电动车前进、后退、停车等动作的部件，由于电动车与传统燃油车的控制方式不同，其档位控制类似自动档。

3）加速踏板：通过控制电流大小，从而控制电机转速。

4）应急开关：通常设计为人工操作的安全开关，一般设计在高压电池组的正负极近端，保证通过人工操作应急开关能够在紧急情况下将高压电池组的电压封闭。

2. 纯电动汽车的工作原理

纯电动汽车保留了传统汽车的加速踏板、制动踏板和各种操纵手柄等，但它不需要离合器。在纯电动汽车工作时，传感器将加速踏板、制动踏板机械位移的行程量转换为电信号，输入到控制系统，经控制系统处理后发出驱动信号，实现对电动汽车的控制。

比亚迪 e5 纯电动汽车工作原理如图 4-3-10 所示。电源接通，汽车前进行驶时，主控 ECU 接收档位控制器、加速踏板和角度传感器等信息，传递给电机控制器，从而控制流向前驱电机的电流。此时电池组电流通过应急开关、配电箱/继电器之后，一路经过电机控制器向前驱电机供电使电机运转，再经过变速器/差速器和传动轴带动两个前轮行驶；另一路经 DC/DC 变换器,将电池组 330V 的高压直流电转换为低压 12V 供整车用电设备使用。同时电池组接受电池管理器的监控,监控电池组的瞬时电压、电流、温度、存储电量等情况,以防止电池组过放电或温度过高损坏电池组。如果发生漏电情况,漏电保护器起作用。一旦发生短路等紧急情况,串联在电池组中的熔丝熔断保护。当电池组电量不足时,在停车情况下可通过直流充电站或 220V 交流充电桩(插座)分别经过充电口或车载充电器(AC/DC 转换器)、配电箱/继电器、应急开关到电池组进行充电。

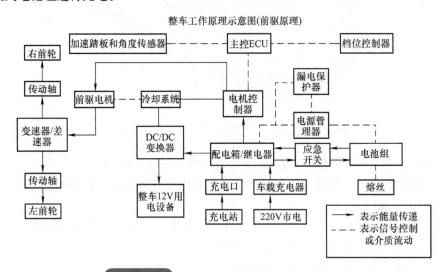

图 4-3-10　比亚迪 e5 纯电动汽车工作原理

四、任务实施

1. 任务准备

安全防护:注意车辆或台架电压保护。
工具设备:作业保护设备(车外、车内三件套);安全设施(车轮挡块、警示隔离带等)。
台架车辆:比亚迪 e5 台架和整车。
辅助资料:教材、卡片、喷胶、水彩笔。

2. 实施步骤

任务	1. 请列举出纯电动汽车和传统燃油车的结构区别。 2. 请列举出比亚迪 e5 的结构组件,并在整车或台架上用卡片进行标注。
笔记	

项目 5

新能源汽车功能操作

项目描述

本项目共 5 个学习任务，分别是：

任务 1：新能源汽车的安全使用规范和组合仪表操作；

任务 2：新能源汽车控制器的操作；

任务 3：新能源汽车的使用和驾驶操作；

任务 4：新能源汽车舒适娱乐系统的操作；

任务 5：新能源汽车车内装置的使用和车辆规格识别。

通过 5 个任务的学习，能够正确规范地使用新能源车辆，能够对新能源汽车的常见功能进行操作，熟悉新能源车辆各功能键的作用，能够区别各仪表警告灯的含义，采取必要措施。

任务 1 新能源汽车的安全使用规范和组合仪表操作

一、任务引入

新能源汽车在使用过程中与传统汽车有所区别，由于"三电"系统的加入，在车辆安全操作及仪表指示方面应更加注意。我们如何安全使用车辆并读懂车辆仪表的指示信息呢？

二、任务要求

知识要求：

- 熟悉新能源汽车安全使用规范。
- 能够区别各仪表警告灯的含义。

技能要求：

- 能够安全规范地使用新能源汽车并对新能源汽车的组合仪表进行操作。
- 能够对仪表警告灯采取必要措施。

职业素养要求：

- 严格执行汽车检修规范，养成严谨科学的工作态度。
- 尊重他人劳动，不窃取他人成果。
- 养成总结训练结果的习惯，为下次训练积累经验。
- 养成团结协作的精神。
- 严格执行5S现场管理。

三、相关知识

1. 安全带功能说明

1.1 安全带作用

在紧急制动、突然转向和碰撞事故中，正确使用安全带能大大减少车内乘员的伤亡。

1.2 安全带使用注意事项

1）车辆行驶前，应确保车中所有乘员均已正确系好安全带。否则在紧急制动或发生碰撞事故时，车中乘员更容易受到严重的身体伤害甚至死亡。

2）车辆上的安全带主要根据成人体型设计，不适用于儿童，要根据年龄和体型选择合适的儿童保护装置。

3）若安全带出现损坏或异常，建议立即联系厂家授权服务店进行确认和处理，在此之前，请勿使用相应座椅。

1.3 安全带功能

1）紧急锁止（ELR）功能：车辆急转弯、紧急制动、发生碰撞或乘员身体前倾太快时安全带织带会自动锁紧，实现对乘员的有效约束和保护；车辆平稳行驶时，织带随着乘员缓慢、平稳的移动而拉出回卷，乘员可活动自如。

2）安全带的预紧限力功能：当车辆发生严重的正面碰撞，满足预紧装置触发条件时，预紧装置迅速卷收部分织带并将其锁紧以加强对乘员的保护作用。限力装置将织带对乘员身体的束缚力限定在一定范围之内，从而避免因束缚力太大而对乘员造成伤害。

3）安全带的自动锁止（ALR）功能：可用于固定儿童保护装置。将织带全部拉出即可启动锁止功能，锁止功能启动后织带只能回卷不能拉出，且回卷时会有连续的"咔嗒"声。织带完全回卷后，自动锁止功能即自动关闭，织带可自由拉出回卷。

4）安全带的未系声光报警功能：若车辆起动后，驾驶人或前排乘员未系安全带，声光报警系统将开始工作，直到驾驶人和前排乘员系好安全带。

项目5 新能源汽车功能操作

2. 安全气囊系统

2.1 安全气囊作用

1)安全气囊系统属于辅助约束系统的一部分,是对座椅和安全带的补充,安全气囊系统可在较严重的正面碰撞事故中,对驾乘人员的头部和胸部提供额外的保护,减少伤亡。

2)安全气囊系统不能取代安全带,它是汽车整个被动安全保护体系的一个组成部分。

3)只有与系好的安全带一起工作,才能使安全气囊系统发挥最大保护作用。

在汽车行驶过程中,应一直使用安全带并保持正确坐姿,这样才能发挥安全带和气囊系统的最大保护作用;严禁儿童乘坐前排座椅位置;切勿私自拆装气囊部件。

2.2 安全气囊触发条件

1)当发生一定程度的正面碰撞事故时,安全气囊系统可能触发;在发生特殊碰撞事故时,安全气囊系统可能触发。

2)安全气囊并不是在发生任何事故时都会起作用,在发生轻微的正面碰撞、车尾碰撞或翻车时,安全气囊系统一般不会触发。在这种情况下,驾乘人员通过正确佩戴安全带以正常方式受到保护。

3)安全气囊系统触发的决定性因素:碰撞时产生并由电子控制单元(ECU)获得的减速度曲线与设定值之间进行全面智能比较和判断,如果碰撞时产生并被测到的汽车减速度曲线等信号低于ECU内预先设定的相关参照值,则安全气囊就不会触发,尽管汽车可能已经在事故中严重变形。

2.3 安全气囊系统的启动过程

1)如果遇到中等至剧烈程度的正面撞车事故,传感器会感知到车辆正在急剧减速,并向控制装置送出信号,使正面安全气囊立即膨胀。

2)当发生正面撞车时,座椅安全带可协助固定住驾乘人员的下半身和躯干,以保持驾乘人员原位不动。安全气囊等于提供了一个气垫,协助稳定及保护驾乘人员的头部和胸部。

3)此情况可能出现于撞击的剧烈程度处于引起安全气囊充气膨胀的边缘值或临界值。此时,座椅安全带将提供主要的保护功能,安全气囊提供的辅助保护作用是微乎其微的。

4)正面安全气囊充气后将立刻放气。这样就不会影响驾驶人的视线及操纵转向盘或其他控制装置的能力。

5)安全气囊展开可在约千分之一秒内高速完成,从而能在事故中为驾乘人员提供额外保护。

6)安全气囊展开时会有较大响声,一般不会造成伤害(但不排除导致耳鸣或暂时性失聪的可能,会很快恢复)。

7)撞车后,可能会看到烟雾状物,这实际上是来自安全气囊表面的粉末。尽管这种粉末无毒,但有呼吸道疾患的乘员,仍可能感到某种暂时的不适。

3. 儿童保护装置

儿童乘坐车辆必须有安全保护装置,目前主要采用的是儿童安全座椅,根据儿童的年龄和体型，儿童保护装置可分为三种类型，如图 5-1-1 所示。如果孩子体型太大而不能使用儿童保护装置，则应坐在后排座椅上并使用座椅安全带。

a) 婴幼儿安全座椅　　　　b) 儿童安全座椅　　　　c) 青少年座椅

图 5-1-1　儿童保护装置

研究显示，将儿童保护装置安装在后排座椅比安装在前排座椅上更加安全，请勿将儿童座椅安装在前排座椅上。

4. 仪表指示系统

与传统汽车一样，新能源汽车也具有丰富的仪表指示信息，可随时给驾驶人提供车辆技术参数。以比亚迪 e5 纯电动汽车车辆仪表信息指示为例，仪表共分为三大模块，分别是功率表、信息显示屏和车速表，如图 5-1-2 所示。

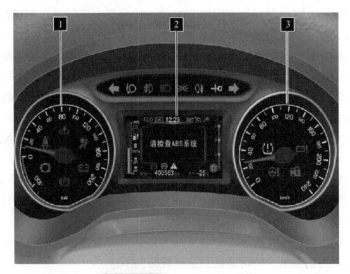

图 5-1-2　比亚迪 e5 仪表

1—功率表　2—信息显示屏　3—车速表

4.1 指示灯汇总

仪表上常见指示灯见表 5-1-1。

表 5-1-1 仪表常见指示灯说明

所属系统	序号	指示灯名称	指示灯图案	备注
灯光系统	1	左转向指示灯	←	绿色
	2	右转向指示灯	→	绿色
	3	远光指示灯		蓝色
	4	小灯指示灯		绿色
	5	灯光总开关指示灯（美版）		绿色
	6	前雾灯指示灯		绿色
	7	后雾灯指示灯		黄色
	8	前大灯调节指示灯（预留）		黄
辅助安全系统	9	驾驶人座椅安全带指示灯		红色
	10	前排乘员座椅安全带指示灯	PASSENGER	本指示灯外置，由仪表控制
	11	安全气囊故障警告灯		红色
	12	智能钥匙系统警告灯		黄色
	13	防盗指示灯（外置）		红色
车身监控系统	14	ABS 故障警告灯	(ABS)	黄色
	15	电子驻车状态指示灯	(P)	红色
	16	驻车系统故障警告灯	(!)	红色

（续）

所属系统	序号	指示灯名称	指示灯图案	备注
车身监控系统	17	ESP 故障警告灯		黄色
	18	ESP OFF 警告灯		黄色
	19	制动片磨损警告灯（预留）		黄色
	20	转向系统故障警告灯		红色
	21	胎压过低警告灯		黄色
供电监控系统	22	充电系统故障警告灯		红色
主安全系统	23	主警告指示灯		黄色
其他	24	倒车雷达指示灯（预留）		绿色
车门系统	25	车门状态指示灯	发动机盖打开 左前 右前 左后 右后 行李箱打开	红色
	26	车门未关状态指示灯		红色
模式指示灯	27	经济模式指示灯	ECO	绿色
	28	运动模式指示灯	SPORT	绿色
	29	OK 指示灯	OK	绿色
高压系统	30	动力系统故障警告灯		红色
	31	电机过热警告灯（预留）		红色
	32	电机冷却液温度过高警告灯		红色
	33	动力电池电量低警告灯		黄色

项目 5　新能源汽车功能操作

（续）

所属系统	序号	指示灯名称	指示灯图案	备注
高压系统	34	动力电池充电连接指示灯		红色
	35	动力电池过热警告灯		红色
	36	动力电池故障警告灯		红色
	37	定速巡航控制指示灯	SET	绿色
	38	定速巡航主指示灯		绿色

4.2　部分指示灯详解

（1）防盗指示灯

工作条件：此指示灯工作于所有电源档位。

控制方式：CAN 传输。组合仪表采集车身防盗和发动机防盗的状态报文，控制指示灯的工作。

（2）智能钥匙系统警告灯

工作条件：此指示灯工作于所有电源档位。

控制方式：CAN 通信传输输入网关控制信号。KEYLESS 系统处理钥匙位置信号，将探测不到钥匙的信号经 CAN 线发送给组合仪表，由仪表 CPU 处理指示灯点亮。

（3）定速巡航控制指示灯 SET

工作条件：电源处于 ON 档时此指示灯才允许工作，在 OFF 档和 ACC 档时，仪表不允许处理此指示灯，应处于熄灭的不工作状态。

控制方式：CAN 通信传输，电机控制器发送开关量信号给组合仪表。仪表 CPU 根据信号处理此指示灯状态。

（4）定速巡航主指示灯

工作条件：电源处于 ON 档时此指示灯才允许工作，在 OFF 档和 ACC 档时，仪表不允许处理此指示灯，应处于熄灭的不工作状态。

控制方式：CAN 通信传输，电机控制器发送开关量信号给组合仪表。仪表 CPU 根据信号处理此指示灯状态。

（5）EPS 故障警告灯

工作条件：电源处于 ON 档时工作。

控制方式：CAN 传输，仪表控制此灯的点亮。

（6）动力系统故障警告灯

工作条件：此指示灯工作于所有电源档位。

控制方式：CAN 通信采集到电池管理器、VTOG 模块，CPU 控制指示灯点亮。

（7）充电系统故障警告灯

工作条件：工作在所有电源档位。

控制方式：CAN 线传输 DC 及充电系统故障信号，组合仪表控制指示灯点亮。

（8）动力电池充电连接指示灯

工作条件：此指示灯工作于所有电源档位。

控制方式：硬线传输，充电感应开关闭合时，仪表点亮指示灯。充电感应开关断开时，仪表熄灭此指示灯。

（9）动力电池故障警告灯

工作条件：工作在所有电源档位。

控制方式：当接收到动力电池状态故障时，指示灯点亮。当故障消除时，仪表熄灭此指示灯。

（10）动力电池过热警告灯

工作条件：工作于所有电源档位。

控制方式：动力电池管理模块通过 CAN 发送电池组温度超高警告信号给组合仪表，仪表 CPU 控制此指示灯点亮。

（11）电机冷却液温度过高警告灯

工作条件：电源处于 ON 档时此指示灯才允许工作。

控制方式：CAN 通信传输，主控 ECU 发送冷却液温度过高警告信号给组合仪表。仪表 CPU 控制此指示灯点亮。

（12）动力电池电量低警告灯

工作条件：电源处于 ON 档时此指示灯才允许工作，在 OFF 档和 ACC 档时，仪表不允许处理此指示灯，应处于熄灭的不工作状态。

控制方式：CAN 通信传输，动力电池管理模块发送电池组电量过低警告信号（剩余电池容量≤20%）给组合仪表。仪表 CPU 控制此指示灯点亮，指示灯点亮需与电量表进入红色区域同步。

（13）OK 指示灯 OK

工作条件：电源处于 ON 档时此指示灯才允许工作，在 OFF 档和 ACC 档时，仪表不允许处理此指示灯，应处于熄灭的不工作状态。

控制方式：主电机控制器通过 CAN 发送"OK"指示灯点亮信号给组合仪表，仪表 CPU 控制此指示灯点亮。

（14）经济模式指示灯 ECO

工作条件：电源处于 ON 档才允许此灯工作。

控制方式：CAN 线传输，组合仪表 CPU 驱动指示灯工作。

（15）运动模式指示灯 SPORT

工作条件：电源处于 ON 档才允许此灯工作。

控制方式：CAN 线传输，组合仪表 CPU 驱动指示灯工作。

（16）车速表

车速信号由 CAN 线传输，组合仪表采集处理车速信号，经步进电动机驱动指针准确指示当前的车速。相关数据如下：

1）测量范围 0~240km/h。

2）电源处于 OFF 档和 ACC 档时，车速表不工作、不采集处理信号，指针停留在刻度盘的 0 刻度处，允许偏差范围 ±0.5°。

3）电源处于 ON 档时，车速表指针在 1s 内摆动一定角度（40°~60°）后清零，进行自检。

（17）功率表

组合仪表通过采集 CAN 上动力电池管理模块发送的总电压、总电流计算功率，同时判断正、负。显示功率 = 电池组当前总电压 × 电池组当前总电流。

功率显示值至少 1s 更新一次，测量范围是 –100~200kW，最小计量单位为 1kW；常用功率范围为 –100~90kW。

有车速后，组合仪表通过功率值的正负判断能量流动方向，功率值为正时，能量流动方向：动力电池→动力电机→车轮；功率值为负时，能量流动方向：车轮→动力电机→动力电池。

（18）SOC 值

组合仪表采集动力电池管理模块的 CAN 信息，显示 SOC（剩余电量），相关要求如下：

1）电源处于 OFF 档和 ACC 档时，电量表不工作，不采集处理信号。

2）电源处于 ON 档时，电量的数字和表格根据采集到的信号同时显示到位。

3）动力电池电量指示由表格和数字两部分构成，电量表由 8 个格组成，显示范围从下向上表示为 0~100%。

4）当电量过低进入红色区域即 20% 时，电量表数字同步进入红色区域。

（19）累计平均电耗

累计平均电耗显示出厂到当前车辆的平均电耗，无法清零。显示每 10s 更新一次，电源刚置于 ON 档或从非显示平均能耗界面切换到平均能耗界面立即更新。

1）总里程 < 100km，显示电耗为"— kW·h/100km"。

2）总里程 ≥ 100km，显示电耗 =（总电消耗量 / 总里程）×100，显示为"××.×kW·h/100km"。

3）总电消耗量部分通过叠加瞬时电消耗量，此算法不累计插枪过程中的电消耗量。

4）累计平均电耗最大值显示为 99.9kW·h/100km。

四、任务实施

1. 任务准备

安全防护：注意车辆或台架电压保护。

工具设备：作业保护设备（车外、车内三件套）；安全设施（车轮挡块、警示隔离带等）。

台架车辆：比亚迪 e5 整车、普锐斯整车或比亚迪 - 秦整车。

辅助资料：车主手册、教材、儿童安全座椅。

2. 实施步骤

2.1 比亚迪 e5 纯电动汽车安全功能操作

相关的安全功能操作见表 5-1-2。

表 5-1-2　比亚迪 e5 纯电动汽车安全功能操作

车辆工位准备	
	任务要求： 1. 车辆安全停放工位。 2. 配套安全防护设备。 3. 配套日常检查常用工具。
佩戴与调整安全带	
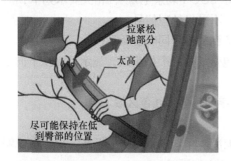	功能操作： 1. 调整座椅至合适位置，调整靠背至合适角度。 2. 调节三点式安全带的位置。 3. 将安全带织带平顺地拉出，使之斜跨过靠近织带拉出位置的肩部而斜跨胸前，织带不应位于手臂下方或从颈部后方跨过。 4. 须将腰部安全带尽可能保持在低至臀部的位置——请勿扣在腰部位置。
	功能操作： 将锁舌插入带扣，直到听到"咔嗒"声，反方向拉锁舌，确认锁止成功。 注意织带不能扭曲
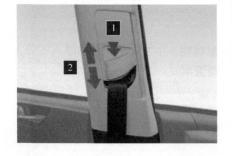	功能操作： 1. 调整安全带高度调节器（前排）至合适位置，以获得最佳舒适性和保护作用。按压安全带高度调节器释放钮，握住高度调节器上下移动将前排座椅安全带调整至合适高度，松开前排座椅安全带高度调节器。 2. 调整完毕后，用力拉一下肩部安全带，检查安全带高度调节器是否锁止。

项目 5　新能源汽车功能操作

（续）

解锁安全带

功能操作：
按下带扣上的红色解锁按钮，锁舌自动弹出，安全带自动回卷

安全带未系指示灯

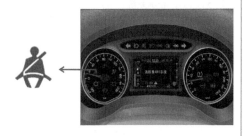

功能操作：
1. 车辆装有安全带警告传感器时，在多功能显示屏上，将会看到一个副驾驶安全带未系指示灯。
2. 当副驾驶座椅载有乘客，而该乘客又未系安全带时，此灯亮起并伴有警示音以提醒驾乘人员。
3. 当前排乘客扣上安全带后，此指示灯熄灭。当副驾驶座椅未载有乘客时，此灯为熄灭状态。

安全气囊检查维护（出现下列情况时，需要进正规检查维修）

功能检查：
安全气囊已经充气

功能检查：
车辆的前方（图示阴影部分）遇到事故时，未能引起 SRS 安全气囊展开

（续）

安全气囊检查维护（出现下列情况时，需要进正规维修检查维修）	
	功能检查： 前排乘员安全气囊盖（图示阴影）已经刮破、裂开或有其他损坏
	功能检查： 1. 仪表上安全气囊指示灯异常点亮。 2. 该安全气囊系统由电子控制单元监控，并且具有自诊断功能，通过仪表盘上的安全气囊警告灯显示系统状态。 3. 整车电源档位处于"OK"档后，安全气囊警告灯点亮 5s 左右，然后熄灭并持续 5s 以上，表示系统正常。 4. 如果安全气囊已关闭，则警告灯常亮，但是已不具备保护功能。
安全气囊可能会展开的情况	
	情况说明： 越过较深凹槽时，车头撞击地面
	情况说明： 撞到路边的凸起物、街边石等
	情况说明： 下陡坡时车头碰撞到地面

项目 5　新能源汽车功能操作

（续）

安全气囊可能不会展开的情况	
	情况说明： 撞到水泥柱子、树木或其他细长物体上
	情况说明： 追尾撞到大型货车尾部下方
	情况说明： 车辆后方遭遇其他车辆追撞
	情况说明： 车辆发生侧向翻滚
	情况说明： 非正面撞上墙壁或车辆

（续）

儿童保护装置的安装	
注意： 1. 请遵照儿童保护装置制造厂提供的安装说明。用座椅安全带或儿童保护装置下紧固带将儿童保护装置紧固至后排外侧座椅。 2. 安装儿童保护装置时应固定住顶部拉带。	警告： 1. 使用安全带自动锁止（ALR）功能固定儿童保护装置时，请确认自动锁止功能已经开启。 2. 若安全带不具备自动锁止（ALR）功能，请勿在相应座椅上使用。必须借助安全带自动锁止（ALR）功能才能有效地安装儿童保护装置。
ISOFIX 刚性固定锚（ISOFIX 儿童保护装置）	
	功能检查： 后排外侧座椅上提供有专用的固定杆（显示锚定位置的标签附在座椅上）
固定锚支座（用于顶部拉带）	
	功能检查： 后排外侧座椅上提供有固定锚支座
儿童座椅安装：用 ISOFIX 刚性固定锚安装儿童保护装置（ISOFIX 儿童保护装置）	
	功能操作： 1. 检查专用固定杆的位置，并将儿童保护装置安装到座椅上。 2. 固定杆安装在座垫和座椅靠背之间的间隙中。 3. 如果儿童保护装置配有顶部拉带，则应将顶部拉带固定到锚定装置上。
带顶部拉带的儿童保护装置	
	功能操作： 用座椅安全带或 ISOFIX 刚性固定锚固定儿童保护装置。

项目 5　新能源汽车功能操作

（续）

带顶部拉带的儿童保护装置	
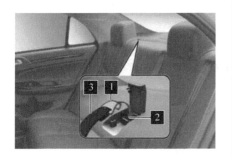	功能操作： 打开固定锚支座盖，将卡钩 1 紧扣到固定锚支座 2 上，并紧固顶部拉带 3，确保将顶部拉带扣牢
用座椅安全带安装儿童 / 青少年保护装置	
面向后方：儿童座椅或婴儿座椅（幼儿座椅）	 功能操作： 将儿童座椅安装在后排座椅上且使其面向车辆后方
	 功能操作： 将座椅安全带穿过儿童座椅并将锁舌插入带扣。确保安全带未扭曲
面向前方：儿童座椅（可转换型座椅）	 功能操作： 将儿童座椅安装在后排座椅上且使其面向车辆前方

115

（续）

	用座椅安全带安装儿童／青少年保护装置	
面向前方：儿童座椅（可转换型座椅）		功能操作： 将座椅安全带穿过儿童座椅并将锁舌插入带扣，确保安全带未扭曲
		功能操作： 将肩部安全带完全拉出，然后使其略微缩回以进入 ALR 锁定模式。锁定模式下仅允许座椅安全带回缩
		功能操作： 将儿童座椅坚固在后排座椅上，使肩部安全带充分回缩，直到儿童座椅牢固固定就位，肩部安全带回缩至完全绷紧的位置后，拉动安全带以确认其无法拉出
青少年座椅（辅助座椅）		功能操作： 将青少年座椅安装在座椅上且使其面向前方
		功能操作： 让青少年坐到青少年座椅上。按照制造厂的安装说明用座椅安全带固定青少年座椅并将锁舌插入带扣。 确保安全带未扭曲。检查并确认肩部安全带正确跨过青少年肩部，而且腰部安全带应尽可能放低

(续)

拆下用座椅安全带安装的儿童保护装置	
	功能操作： 按下安全带解锁按钮，使座椅安全带完全缩回
	功能操作： 1. 请遵照安装手册中的说明，将儿童保护装置牢固固定就位。如果未正确固定儿童保护装置，则紧急制动或发生事故时，可能导致儿童受到严重的伤害甚至死亡。 2. 如果驾驶人座椅妨碍儿童保护装置的正确安装，则将儿童保护装置安装在后排右侧座椅上。
	功能操作： 1. 请勿在前排乘员座椅上安装面向后方的儿童保护装置。否则发生事故时，前排乘员安全气囊急剧张开的冲击力会导致儿童受到严重的伤害甚至死亡。 2. 安装青少年（辅助）座椅时，确保肩部安全带跨过儿童肩膀中部。安全带应远离儿童的颈部，但不能轻易从肩部滑脱。否则，紧急制动或发生事故时可能导致儿童受到严重的伤害甚至死亡。

丰田普锐斯、比亚迪-秦汽车在安全带的使用及儿童座椅安装作业方面与比亚迪e5操作类似，相关操作流程参考比亚迪e5，故不在此赘述。

2.2 比亚迪e5纯电动汽车仪表指示操作

比亚迪e5的仪表指示操作见表5-1-3。

表 5-1-3 比亚迪 e5 纯电动汽车仪表指示操作

仪表功能指示	
	功能说明： 1. 功率表。 2. 信息显示屏。 3. 车速表。
车速表	
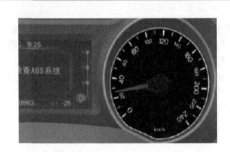	功能说明： 电源档位处于"OK"档时，此表指示当前车速值，车速表默认用"km/h"来指示整车的车速，可通过菜单中的单位设置选择"MPH"
功率表	
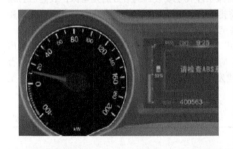	功能说明： 1. 功率表显示当前模式下整车的实时功率。 2. 功率表默认用"kW"来指示整车的功率，可通过菜单中的单位设置选择"HP"。 3. 在车辆下坡时或减速行驶时，功率指示值可能为负值，表示当前车辆正在给动力电池充电。
电量表	
	功能说明： 1. 整车电源档位处于"OK"档时，此表指示当前车辆动力电池预计剩余的电量。 2. 如果动力电池电量低，警告灯点亮，同时信息显示屏显示"请及时充电"，表示当前动力电池电量低，需要尽快对动力电池充电；当指示条将要或已进入红色区须尽快对动力电池充电。

（续）

	里程信息
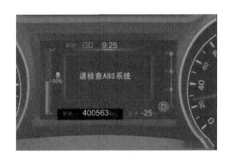	功能说明： 1. 里程表——显示车辆已行驶的总里程数。 2. 里程1/里程2——显示将两个短距离里程表设定为0以来的不同行驶里程数。可以用短距离里程表来计算每次行驶的里程数（里程1或者里程2）。 3. ODO/TRIP 按键——将双短距离里程表调整至0、改变仪表显示。要变换仪表的显示时，迅速按下并释放 ODO/TRIP 按键。每按一次，仪表将循环显示总里程（ODO）——里程1（TRIP A）——里程2（TRIP B）——总里程（ODO）。要将短距离里程表复位时，先显示出该短距离里程表（里程1/里程2）的读数，然后按住 ODO/TRIP 按键2s以上直至仪表被设定为0。
	档位指示
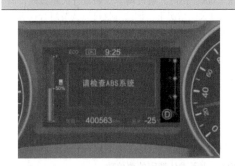	功能说明： 变速杆在某位置时，显示相应的档位指示
	时钟信息
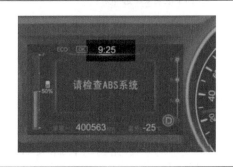	功能说明： 整车电源档位处于"OK"档时，此信息显示已设置好的当前时间
	室外温度信息
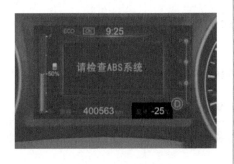	功能说明： 整车电源档位处于"OK"档时，此信息显示室外温度信息

（续）

	续航里程表
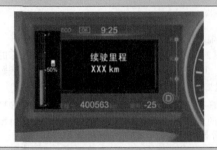	功能说明： 1.续驶里程是根据剩余电量并结合车辆行驶工况所计算出的剩余电量所能支持的行驶距离，该距离可能与实际行驶的距离有所不同。 2.此表默认显示单位为 km，可通过菜单中的单位设置选择 mile。 注意：当续驶里程显示数值过低时，请及时对车辆充电
	仪表背光亮度调节
	功能操作： 电源档位处于"OK"档时，通过调节仪表板开关组按键，调节背光亮度。示宽灯关闭情况下，该按键仅可以调节组合仪表背光；示宽灯打开情况下，该按键能够同步调节组合仪表和仪表板背光
	仪表背光亮度调节
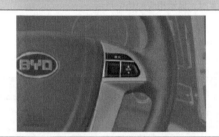	功能操作： 通过转向盘按键进入并调节菜单。 1. ▭ 用于确认选定的菜单项。 2. ▭ 用于向上/向下滚动菜单选择条。
	多功能显示屏
	功能操作： 1.时间：设定时间。 2.保养：保养时间/保养里程设定。 3.背光：颜色/车速变色提示/亮度自动调节。 4.个性化：主题元素/语言/车速提醒/门自动落锁/车窗控制/能量回馈强度设置/电单价/单位/充电口电锁工作模式设置（装有时）。 5.恢复出厂设置。 6.退出。
	多功能信息显示屏（带CD）
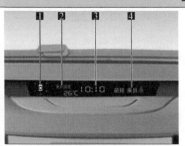	功能说明： 1.驻车辅助系统指示灯（装有时）——显示当前驻车辅助系统状态。 2.室外温度信息——显示当前室外温度。 3.时钟信息——显示当前已设置好的时间。 4.前排乘员座椅安全带指示灯——显示当前副驾乘员安全带状态。

项目 5　新能源汽车功能操作

（续）

多功能信息显示屏（不带 CD）	
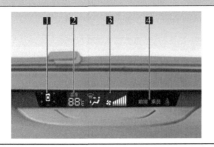	功能说明： 1. 驻车辅助系统指示灯（装有时）——显示当前驻车辅助系统状态。 2. 温度信息——显示当前空调设定温度。 3. 空调信息——显示当前自动空调系统设置状态。 4. 前排乘员座椅安全带指示灯——显示当前副驾乘员安全带状态。

2.3　比亚迪-秦插电式混动汽车仪表功能操作

比亚迪-秦的仪表功能操作见表 5-1-4。

表 5-1-4　比亚迪-秦插电式混动汽车仪表功能操作

仪表功能指示	
	指示含义： 1—转速表　2—温度　3—车速表　4—功率表　5—电量表 6—时间　7—行车/故障提示信息显示区　8—工作模式指示 9—里程　10—燃油表　11—档位
车速表	
	功能说明： 电源档位处于"OK"档时，此表指示当前车速值，车速表默认用"km/h"来指示整车的车速，可通过菜单中的单位设置选择"MPH"
发动机转速表	
	功能说明： 1. 转速表用 r/min 的 1/1000 来指示发动机的转速。 2. 发动机运转过快的状态下驾驶车辆，将导致发动机过度磨损并浪费燃油。

(续)

电量表	
	功能说明： 电量表用百分比显示当前车辆动力电池剩余的电量。 注意：当指示条将要或已进入红色区须尽快对动力电池充电
功率表	
	功能说明： 1. 功率表显示当前模式下整车的实时功率。 2. 显示功率包括发动机功率和电机功率。 3. 在车辆下坡时或减速行驶时，功率指示值可能为负值，表示车辆正在给动力电池充电。
里程信息	
	功能说明： 1. 总里程：显示车辆已行驶的总里程数。 2. 里程1/里程2：显示将两个短距离里程表设定为0以后的不同行驶里程数。 3. HEV里程：显示车辆燃油动力模式或混合动力模式行驶的距离。 4. EV里程：显示车辆纯电动模式行驶的距离。 5. 里程切换/复位按键：将两个短距离里程表调整至0，改变里程信息显示。 6. 此表默认单位为km，可通过菜单中的单位设置选择mile。可以用短距离里程表来计算每次行驶的里程数（里程1/里程2）。
	功能说明： 1. 要变换里程信息的显示时，迅速按下并释放里程切换/复位按键。每按一次，仪表将循环显示：总里程表——EV里程表——HEV里程表—短距离里程表（里程1）——短距离里程表（里程2）——总里程表。 2. 要将短距离里程表复位时，先显示出该短距离里程表（里程1或里程2）的读数，然后按里程切换/复位按键2s以上直至里程信息设定为0为止。

项目 5　新能源汽车功能操作

（续）

档位指示	
	功能说明： 变速杆在某位置时，显示相应的档位指示
时钟信息	
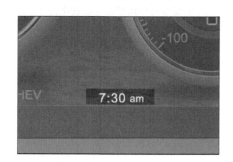	功能说明： 整车电源档位处于"OK"档时，此信息显示已设置好的当前时间
室外温度信息	
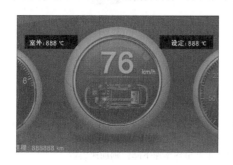	功能说明： 整车电源档位处于"OK"档时，此信息显示室外温度信息
续航里程表	
	功能说明： 如果燃油过低时，油位接近"E"，燃油指示图标点亮，同时组合仪表显示"请添加燃油"，须尽快加注燃油

123

（续）

仪表背光亮度调节	
	功能操作： 此信息用于指示背光调节档位。电源档位位于"ON"档时，通过开关上的背光调节按键，可以调节组合仪表背光亮度
	功能操作： 示宽灯关闭时，按下按键仅可以调节组合仪表背光亮度；示宽灯打开时，按下该按键能够同时调节组合仪表和仪表板背光亮度。
加速计时器	
	功能操作： 进入：车速为 0km/h，车辆为 SPORT 模式时，调节行车信息，进入加速计时器提示界面，长按转向盘 键可以开启加速计时器。
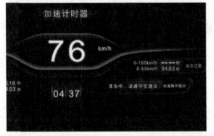	功能操作： 退出：在加速计时器界面，短按 键可以退出加速计时器；加速成功，60s 后会自动退出加速计时器界面。 注意：加速过程中若出现车速下降，则加速失败
能量流程图	
	功能操作： 此信息用于指示发动机、电机、电池、车轮之间的能量流向状态

（续）

菜单调节	
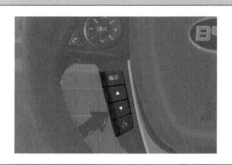	功能说明： 1. 确定：用于确认选定的菜单项。 2. ▲：用于向上滚动菜单选择条。 3. ▼：用于向下滚动菜单选择条。
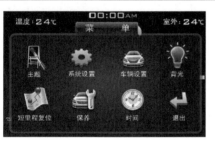	菜单包括主题、系统设置、车辆设置等。

2.4 丰田普锐斯仪表功能操作

丰田普锐斯车型的仪表功能操作见表 5-1-5。

表 5-1-5 丰田普锐斯仪表功能操作

车辆工位、设备工具准备	
	任务要求： 1. 车辆安全停放于工位。 2. 配套安全防护设备。 3. 配套日常检查常用工具。
组合仪表指示及功能操作	
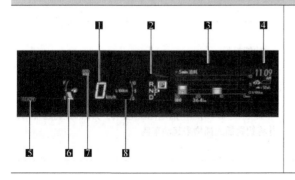	指示含义： 1—车速显示 2—档位显示 3—多信息显示屏 4—时间显示 5—行驶准备指示 6—油耗指示 7—驾驶模式指示 8—发动机转速指示

（续）

组合仪表指示及功能操作	
	指示含义： 各仪表指示信息的含义如图所示
混合动力信息指示	
	指示含义： 混合动力指示，向驾驶人反馈此时车辆驱动状态
	功能操作： 按下转向盘"DISP"功能键可以切换混合动力显示信息；按下转向盘"TRIP"功能键可以切换里程表显示信息
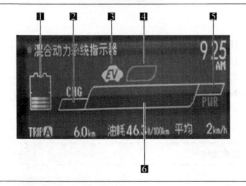	功能操作： 1. 动力电池电量状况。 2. 充电范围，表示再生充电。 3. EV 指示灯在仅使用电机驱动时点亮。 4. ECO 指示灯，点亮时为环保模式。 5. 动力范围，表示驱动力超出环保范围的上限。 6. 混合动力环保范围，表示未频繁使用发动机产生动力。
	功能操作： 1. 智能功能、遥控、机械钥匙、防盗芯片集于一体。 2. 只要随身携带钥匙，就可实现左侧图片对应功能，而不用操作钥匙。 提醒：如果钥匙中的电池没电，仍可用机械钥匙开门，并将钥匙插入插槽来起动车辆

（续）

混合动力信息指示
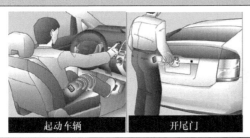 功能操作： 1. 智能功能、遥控、机械钥匙、防盗芯片集于一体。 2. 只要随身携带钥匙，就可实现左侧图片对应功能，而不用操作钥匙。 提醒：如果钥匙中的电池没电，仍可用机械钥匙开门，并将钥匙插入插槽来起动车辆

任务 2　新能源汽车控制器的操作

一、任务引入

新能源汽车在车门打开、关闭上锁以及车窗、灯光、刮水器等辅助电器的使用方面与传统汽车相同，通过本任务的学习，掌握丰田普锐斯和比亚迪 e5 车型的使用方法。

二、任务要求

知识要求：

- 熟悉新能源汽车辅助电器的使用规范。
- 掌握新能源汽车控制器各功能键的作用。

技能要求：

- 会正确使用新能源汽车各辅助电器功能开关。

职业素养要求：

- 严格执行汽车检修规范，养成严谨科学的工作态度。
- 尊重他人劳动，不窃取他人成果。
- 养成总结训练结果的习惯，为下次训练积累经验。
- 养成团结协作的精神。
- 严格执行 5S 现场管理。

三、相关知识

1. 钥匙和防盗

钥匙包括智能钥匙和机械钥匙。电子智能钥匙如图 5-2-1 所示。携带电子智能钥匙，按左、右前门微动开关（外把手上的黑色按钮），可以解锁/闭锁所有车门；按车后微动开关（后行李箱亮饰条上的黑色按钮），可以打开行李箱盖；还可通过遥控钥匙上的按键进行车门解锁/闭锁、行李箱开启及寻车等功能。

图 5-2-1　电子智能钥匙

卡式智能钥匙如图 5-2-2 所示。携带卡式钥匙，按左、右前门微动开关或车后微动开关可以实现所有车门解锁/闭锁以及一键起动。

机械钥匙（在电子智能钥匙、卡式智能钥匙内），如图 5-2-3 所示。可实现驾驶人侧车门的解锁和闭锁。

图 5-2-2　卡式智能钥匙

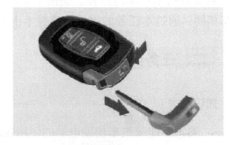

图 5-2-3　机械钥匙

1.1　智能进入和智能起动系统

智能进入和智能起动系统主要具有以下功能：无线遥控功能、进入功能和起动功能、转向锁定功能、按钮起动功能。

（1）无线遥控功能

无线遥控系统用于在距离车辆大约 30m 内为所有车门解锁或闭锁，以及实现附加功能。该功能仅限于电子智能钥匙，操作时应注意以下事项：

1）操作任一按键时，应缓慢而稳固地按下。

2）如果电子智能钥匙不能在正常距离内控制车门，或钥匙上的指示灯暗淡、不亮时，有以下解决方法：

① 检查附近有无干扰电子智能钥匙正常操作的无线电台或机场的无线电发射器。

② 电子智能钥匙的电池电量可能已耗尽，检查电子智能钥匙内的电池。

3）如果电子智能钥匙丢失，建议尽快与厂家授权服务店联系，避免车辆被盗或发生意外事故。

（2）进入功能和起动功能

携带电子智能钥匙可为车门解锁或闭锁并起动车辆。

1）进入功能——可为车门解锁和闭锁。

2）起动功能——电子智能钥匙在车内时，可以切换电源模式和起动车辆。

（3）转向锁定功能

当使用无线遥控或者微动开关闭锁车门时，转向盘将被锁定。

按下起动按钮时，转向锁定自动解除。如果起动按钮上的绿色指示灯闪烁，则表示转向锁卡住。要将其释放，按下起动按钮的同时，轻晃转向盘即可。如果橙色指示灯闪烁，则表明起动部分有故障，建议到厂家授权服务店检查车辆。

（4）按钮起动功能

当智能钥匙电池电量耗尽时，可按以下步骤起动车辆：

1）踩下制动踏板并按下起动按钮，此时智能进入和智能起动系统警告灯点亮，且车辆中的蜂鸣器鸣响一声。

2）在蜂鸣器鸣响后的 30s 内将电子智能钥匙接近起动按钮，蜂鸣器会再次鸣响一声提示可以起动车辆。

3）在此蜂鸣器鸣响后的 5s 内起动车辆。如果智能进入系统工作不正常，无法进入车内时，则可使用附在电子智能钥匙上的机械钥匙对驾驶人侧车门解锁和闭锁，或者用无线遥控功能为所有车门解锁和闭锁。

4）其他车辆的智能钥匙接近本车的智能钥匙时，车门解锁的时间可能要比平时长一些，但这并不是故障。

5）处于"DOOR"档时，室内阅读灯将根据智能钥匙的存在情况、车门开/闭锁情况、车门打开/关闭情况以及电源档位状态自动点亮/熄灭。

1.2 防盗系统

为防止车辆被盗，如果车辆在防盗状态下，任一车门被打开，系统都将发出警告声，且转向灯闪烁。

（1）设定系统

1）退电至"OFF"档。

2）所有乘员下车。

3）所有车门闭锁。所有车门闭锁时，防盗指示灯将持续点亮，8s 后防盗系统将自动设定。当系统被设定后，防盗指示灯将开始闪烁。

4）确保指示灯开始闪烁之后，可以离开车辆。由于从车内解锁车门会激活系统，在设定系统时绝对不能让任何人留在车内。

（2）激活系统

在下列情况时，系统将发出警告声：

1）如果未使用智能钥匙进入功能，任一车门解锁。

2）如果未使用智能钥匙起动功能，车辆上电。

（3）取消系统

通过下列方式将使警告声停止：

1）使用电子智能钥匙解锁车辆。

2）携带钥匙在车内按下起动按钮。

请勿以修改或添加方式改装防盗系统。此类改动可能导致系统故障。

2. 座椅调节

在行驶中，车内所有乘员都必须将座椅靠背垂直向上，背部靠住座椅靠背并且正确使用安全带。

- 车中乘员没有正确坐好之前，请勿驾驶车辆。
- 禁止坐在折叠的座椅靠背上部、行李箱中或是货物上，在紧急制动或发生碰撞时，没有正确坐在座椅上或没有正确佩戴安全带的人员可能受到严重伤害。
- 在行车过程中，请勿让乘员站起或在座椅间移动。否则在紧急制动或发生碰撞时，乘员可能会受到严重伤害。

座椅调节的注意事项如下：

1）调节驾驶人座椅，使脚踏板、转向盘和仪表板控制器都位于驾驶人容易控制的范围之内。行驶中禁止驾驶人调节座椅，以免座椅产生移动时，导致驾驶人对车辆失去控制。

2）调节座椅时，注意勿让座椅撞到乘员或行李。

3）手动调节座椅前后位置完毕之后，要试着前后滑动，确认座椅已锁定。

4）调节完座椅靠背，将身体向后倚靠，确认座椅靠背已锁定。

5）切勿在座椅下放置物品，这会影响座椅锁定机构或意外地将座椅位置调节杆推向上方，造成座椅突然移动，导致驾驶人对车辆失去控制。调节座椅时，切勿将手放在座椅下边或靠近运作中的部件，否则，手可能会被轧伤。

图 5-2-4　转向盘调节

3. 转向盘

要改变转向盘的角度时，可握住转向盘，将转向管柱调节手柄向下按，将转向盘倾斜至需要的角度，然后将手柄恢复至原位，如图 5-2-4 所示。

- 行驶中，禁止调节转向盘，否则可能使驾驶人错误地操纵车辆，导致意外事故发生。
- 调节转向盘之后，将它上下移动以确认被牢固锁定。

项目 5　新能源汽车功能操作

4. 开关

4.1　组合开关

车灯指示灯用来提醒驾驶人车外的灯亮着。当车灯开关处于开启的位置时，此灯会亮起，若已将电源档位处于"OFF"档而尚未关闭车灯开关时，此指示灯会一直点亮。当打开驾驶人侧车门时，也会听到提醒音。

熄火退电，遥控闭锁，进入防盗报警状态之后，自动熄灯功能会自动将前照灯、示宽灯熄灭，此时车灯指示灯也熄灭。

组合开关自动熄灯及"Follow me home"（前照灯延时关闭）功能的操作方法如下：

1）遥控解锁，电源"OFF"档→进车关门，关闭灯光→组合开关开启到灯光各档位→10s 后灯光自动熄灭。

2）遥控解锁，电源"OFF"档→组合开关开启到灯光各档位，打开车门然后关闭车门（遥控钥匙在车内或车外均可以）→灯光 10s 后熄灭。

3）遥控解锁，电源"OFF"档→组合开关开启到灯光各档位→开启室内灯→打开车门然后关闭车门（遥控钥匙在车内或车外均可以）→灯光 10s 后熄灭、室内灯不熄灭。

4）电源"OFF"档→四门两盖关闭→整车进入休眠（遥控闭锁 10s 后进入休眠）→再次按遥控闭锁→光线暗淡，灯光不点亮。

5）电源"OFF"档→组合开关在对应档位→打开左前门然后关闭，等待 10s 后，执行自动熄灭功能→打开左、右、后门某一门，检查灯光是否重新点亮→光线暗淡，不点亮。

6）电源"OFF"档→四门两盖关闭→等待 5~6s，按遥控闭锁→光线暗淡，遥控闭锁 10s 后灯光熄灭。

7）电源"OFF"档→四门两盖关闭→等待 10s 自动熄灯之后，按遥控闭锁→灯光重新点亮 10s。

8）电源"OFF"档→四门两盖关闭→整车进入休眠（遥控闭锁后 10s 进入休眠）→按遥控解锁→光线暗淡，示宽灯、近光灯重新点亮 10s，然后熄灭。

4.2　刮水器开关

此控制杆用来控制刮水器和洗涤器。此杆共分五个档位：

1）MIST：点刮模式。

2）OFF：停。

3）INT（AUTO）：间歇。

4）LO：低速刮水。

5）HI：高速刮水。

若欲选择档位，上抬或下压控制杆即可，如图 5-2-5 所示。

图 5-2-5　刮水器开关

4.3　电动车窗开关

电源档位处于"OK"档时，使用各侧车窗控制开关，可控制该车窗玻璃的升降。驾驶人侧车窗控制开关有四个按键，可分别控制四个车窗玻璃的升降，如图 5-2-6 所示。

将驾驶人侧车窗开关按键按到底,车窗可自动下降到底,其他车窗无此功能。

4.4 紧急警告灯开关

按下紧急警告灯的按钮,如图 5-2-7 所示,可点亮危险警告指示灯(六向闪光灯)。此时六盏车外转向信号灯和仪表盘上的两盏转向信号指示灯一起闪烁。打开紧急警告灯,可提醒其他过往行人和车辆,以免造成危险。

图 5-2-6　电动车窗开关

图 5-2-7　紧急警告灯开关

4.5 2 号开关组

2 号开关组由倒车雷达电源开关、电动外后视镜开关、前照灯调节开关组成,如图 5-2-8 所示。车外后视镜开关和电动外后视镜开关一起控制外后视镜方向调节;前照灯调节开关调节前照灯高度。

4.6 3 号开关组

3 号开关组包括背光调节开关、ODO/TRIP 开关和 ECO 开关,如图 5-2-9 所示。

图 5-2-8　2 号开关组

图 5-2-9　3 号开关组

四、任务实施

1. 任务准备

安全防护:注意车辆或台架电压保护。
工具设备:作业保护设备(车外、车内三件套);安全设施(车轮挡块、警示隔离带等)。
台架车辆:比亚迪 e5 整车、普锐斯整车或比亚迪 – 秦整车。
辅助资料:车主手册、教材。

项目 5　新能源汽车功能操作

2. 实施步骤

2.1　比亚迪 e5 纯电动汽车控制功能操作

比亚迪 e5 车型的控制功能操作见表 5-2-1。

表 5-2-1　比亚迪 e5 车型控制功能操作

车辆工位、设备工具准备	
	任务要求： 1. 车辆安全停放于工位。 2. 配套安全防护设备。 3. 配套日常检查常用工具。
智能钥匙使用	
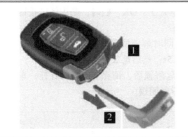	功能说明： 机械钥匙可先按箭头 1 的方向推动锁止开关，再向箭头 2 的方向拔出机械钥匙即可；插上机械钥匙时只要按照箭头 2 的反方向插进来即可。不使用时，应确保将其放回
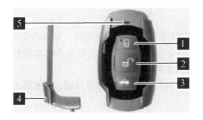	指示含义： 1—闭锁按键　2—解锁按键　3—行李箱解锁按键 4—机械钥匙　5—指示灯 智能钥匙可实现车辆的解锁、闭锁、行李箱打开及长按解锁键实现车窗下降
智能钥匙警示灯功能提示	
	功能说明： 如果出现下列任一警示，请遵循下列说明： 1. 电源档位处于"OK"档时，仪表组警示蜂鸣器鸣叫一次。这表明驾驶人进入车辆时没带智能钥匙。仪表盘上的智能进入和智能起动系统警示灯点亮最多 8s。只有确定智能钥匙在车内后，才能操作起动按钮。 2. 电源档位处于"OK"档时，仪表组警示蜂鸣器鸣叫一次，警示灯闪烁。这表明智能钥匙电量不足。提前更换智能钥匙电池，确保智能进入和智能起动系统正常。 3. 电源档位处于"OK"档时，起动按钮呈绿色闪烁，这表明转向锁卡住，要将其释放，按下起动按钮的同时，轻晃转向盘即可。

133

（续）

智能钥匙警示灯功能提示

注意：
电子智能钥匙是一个电子元件，应遵守以下说明，以防损坏电子智能钥匙。
1. 请勿将其随意拆解。
2. 请勿用钥匙用力敲击其他物体或使其落地。
3. 请勿在智能钥匙上附加任何会切断电磁波的物体（例如金属密封件）。
4. 请勿将智能钥匙放置在高温处，如仪表板或前舱盖上。
5. 请勿将智能钥匙浸入水中或在超声波洗涤器中清洗。
6. 请勿将智能钥匙与放射电磁波的装置放在一起，例如移动电话。可给同一辆车登记备用钥匙。有关详情建议与厂家授权服务店联系。

闭锁 / 解锁功能

功能操作：
1. 按下闭锁按键，所有车门同时闭锁，转向信号灯闪烁1次。如果任一车门未关好，转向灯不闪烁，同时报警器鸣响一声。
2. 按下解锁按键，所有车门同时解锁。同时，转向信号灯闪烁2次。如果电源档位处于"OK"档时，则用解锁按键或闭锁按键无法解 / 闭锁车门。
3. 用电子智能钥匙同时解锁所有车门时，即使车门未打开，车内灯也有可能点亮15s，然后熄灭。
4. 使用电子智能钥匙解锁后，请在30s内打开任一车门。否则，所有车门将自动重新闭锁。

寻车操作

功能操作：
1. 当车辆处于防盗状态下，按下闭锁按键，车辆将发出一声长鸣，且转向信号灯闪烁15次。当无法确认自己车辆的位置时，可使用此功能寻找车辆具体位置。
2. 车辆处于寻车状态时，再次按下闭锁按键，则重新进入一次寻车状态。

行李箱解锁

功能操作：
长按行李箱解锁按键，行李箱打开，此时，转向信号灯闪烁2次。

项目 5　新能源汽车功能操作

（续）

遥控降车窗

功能操作：
电源档位处于"OFF"档时，在有效遥控距离范围内，长按遥控解锁按键可以实现一键降窗，松开遥控解锁按键则停止降窗。
温馨提示：遥控降车窗功能只有在仪表设置此功能后才能实现

进入功能、起动功能及转向锁定功能

功能操作：
1. 进入功能——可为车门解锁和闭锁。
2. 起动功能——电子智能钥匙在车内时，可以切换电源模式和起动车辆。
3. 按下起动按钮时，转向锁定自动解除。如果起动按钮上的绿色指示灯闪烁，则表示转向锁卡住。要将其释放，按下起动按钮的同时，轻晃转向盘即可。如果橙色指示灯闪烁，则表明起动部分有故障。

无电模式起动车辆（智能钥匙电量耗尽）

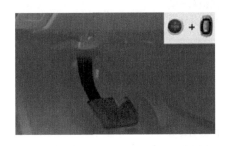

功能操作：
1. 踩下制动踏板并按下起动按钮，此时智能进入和智能起动系统警示灯点亮，且车辆中的蜂鸣器鸣响一声。
2. 在蜂鸣器鸣响后的 30s 内将电子智能钥匙接近起动按钮，蜂鸣器会再次鸣响一声提示可以起动车辆。
3. 在此蜂鸣器鸣响后的 5s 内起动车辆。

探测天线位置

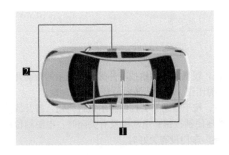

指示含义：
1—位于车厢内的探测天线　2—位于车厢外的探测天线

135

（续）

激活区域	
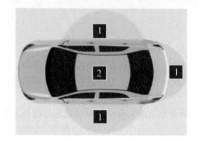	功能操作： 　1. 进入功能激活区域——距前门把手和后背门亮饰条上微动开关大约 1m 的范围内。 　2. 起动功能激活区域——车厢内。其他车辆的智能钥匙接近本车的智能钥匙时，车门开锁的时间可能要比平时长一些，属正常现象。

温馨提示：
在下列情况下，智能进入和智能起动系统可能不能正常工作：
1. 当附近有释放强电磁波的设施，例如电视塔、发电站、广播站时。
2. 将智能钥匙与通信装置一同携带时，比如双向无线电通信设备或移动电话。
3. 当智能钥匙与金属物体接触或被其覆盖时。
4. 迅速操作车门把手时。
5. 智能钥匙接近车门把手时。
6. 当他人在附近的另一辆车上操作无线遥控功能时。
7. 当电池电量耗尽时。

车门功能操作	
	功能操作： 　1. 用机械钥匙闭锁和解锁。 　2. 将钥匙插入锁孔并转动。解锁：顺时针转动钥匙；闭锁：逆时针转动钥匙。
	功能操作： 　1. 用智能钥匙闭锁和解锁。 　2. 携带已登记的智能进入和智能起动系统的智能钥匙（电子智能钥匙或者卡式钥匙，图片中只显示电子智能钥匙）进入激活区域时，不使用机械钥匙即可为所有车门闭锁和解锁。
	功能操作： 　1. 微动开关闭锁：缓慢而稳固地按下外侧车门把手的微动开关按钮，所有车门同时闭锁。此时，转向信号灯闪烁一次。 　2. 在下列情形时，按下微动开关按钮将不进行闭锁：打开或关闭车门的同时，按压闭锁按钮；电动机没有关闭时；电源档位位于"OK"档时；某一车门没有关好时。

项目5 新能源汽车功能操作

（续）

车门功能操作	
	功能操作： 1. 微动开关解锁：缓慢而稳固地按下外侧车门把手的微动开关按键，所有车门同时解锁。此时，转向信号灯闪烁两次。 2. 使用解锁功能后，可在30s内打开车门。否则，所有车门将自动重新闭锁。 3. 使用智能进入和智能起动系统解锁车门时，拉车门把手前应检查车门是否已闭锁。
	功能操作： 1. 按下中控门锁按键，所有的车门将与驾驶人侧的车门同时解锁和闭锁。其中，解锁：向下按按键1；闭锁：向下按按键2。 2. 当车速超过20km/h时，所有车门将自动闭锁。按下起动按钮，电源档位从"OK"档转为"OFF"档时，将自动解锁所有车门。 3. 遭受强烈撞击时，所有车门将自动解锁。是否自动解锁根据具体撞击力度和事故类型而定。
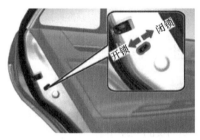	功能操作： 1. 儿童安全锁是为防止坐在后排座椅上的儿童无意中打开后排车门而设计的，左后门、右后门的侧面均有一个车门锁栓。 2. 锁栓处于闭锁（LOCK）位置时，从车内将不能打开该车门。欲打开此车门，需使用车外的车门把手。

注意：驾驶之前，如有儿童在车内时，须确认车门被关闭并锁定儿童锁。正确使用安全带并锁定车门，有助于防止驾驶人和乘客在发生事故时被甩出车外。同时也能防止车门意外打开

	功能操作： 1. 整车紧急机械锁止：当中控锁失效时，请通过操作机械钥匙实现左前门闭锁，将其他车门的紧急锁止拨钮拨到闭锁状态，再关闭车门，此时进入锁闭状态，四门外把手均无法打开车门。 2. 当需要解锁时，使用机械钥匙为前门解锁，进入车内，操作其他车门内把手解锁，再拉一次门外把手才能开启车门。
座椅	
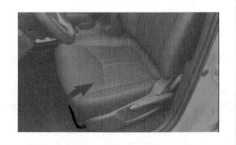	功能操作： 1. 握住位置调节杆的中间并向上拉，然后利用轻微的身体压力将座位前后滑动至所需要的位置后，释放调节杆。 2. 前后位置调节完毕之后，前后滑动座椅，保证听到滑轨锁止声音，确认座椅锁定在位置上。

（续）

座椅	
	功能操作： 　向上拉起调高机构手柄，可按照自己的需要将座椅调到舒适的高度
	功能操作： 　向上拉起靠背调节手柄，同时用背部靠住靠背向前或向后倾斜，调整靠背至所需位置，释放手柄
座椅调节头枕	
	功能操作： 　1. 提升头枕：按下头枕高度调节按钮，沿头枕杆方向向上拉起头枕到合适位置，听到锁止声后松开。 　2. 降低头枕：按下头枕高度调节按钮，降低头枕到合适位置后松开按钮，然后小幅度向上拉起头枕，听到锁止声后松开。
取下头枕	
	功能操作： 　1. 按下头枕高度调节按钮不放，拔下头枕，松开按钮。 　2. 将头枕连杆插入衬套中，并保持凹槽朝前。按下头枕高度调节按钮，降低头枕到合适位置后松开按钮，然后小幅度向上拉起头枕，听到锁止声后松开。

温馨提示：
　1. 头枕能让乘员避免发生颈部损伤和其他头部伤害。将头枕调节到乘员的后脑勺正好对准头枕中央时，头枕方能发挥最大的保护作用。身材高的乘员应把头枕的位置调节得尽量高一些。
　2. 驾乘人员保持正确坐姿并系好安全带，安全带能在前或后碰撞事故中提供最大的保护。如果斜靠在座椅上，腰部安全带可能会滑过臀部而直接向腹部施加压力；在发生前方碰撞事故时，座椅靠背过分倾斜将增加人员受伤的危险性。

项目 5　新能源汽车功能操作

（续）

转向盘功能操作	
	功能操作： 要改变转向盘的角度时，可握住转向盘，将转向管柱调节手柄向下按，将转向盘倾斜至需要的角度，然后将手柄恢复至原位
组合开关功能操作	
	功能操作： 1. 组合开关左手柄拨至"○"档，所有灯光都关闭。 2. 组合开关拨至"AUTO"档，车灯根据光照强度传感器所感受到的光照强度情况而自动点亮或熄灭。 3. 组合开关拨至"示宽灯"档，可点亮前位置灯、后位置灯、后牌照灯及室内灯。 4. 组合开关拨至"近光灯"档，近光灯开启。
	功能操作： 1. 组合开关拨至"近光灯"档，将组合开关左手柄向前推，直至听到"咔嗒"声。此时，远光灯及仪表远光指示灯将点亮。若要切换回近光灯，将组合开关左手柄拉回即可。 2. 将组合开关左手柄向后拉，然后松开，此时，远光灯点亮然后熄灭。 3. 无论组合开关拨至哪一位置，如果向后拉起组合开关左手柄不放，远光灯就会持续点亮。
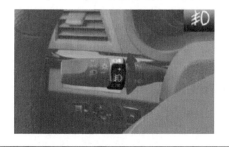	功能操作： 组合开关拨至"示宽灯"或"近光灯"档，并且雾灯旋钮拨至"前雾灯"档，前雾灯开启。此时，仪表盘上的"前雾灯"指示灯点亮，以示提醒。
	功能操作： 根据乘员人数和车辆的载重状况，旋转前照灯调节开关，可调整前照灯光束方向，调节开关可在 1~5 档选择

（续）

组合开关功能操作	
	功能操作： 组合开关拨至"示宽灯"档，并且拨至"前雾灯"档，再将雾灯旋钮拨至"后雾灯"档，后雾灯开启
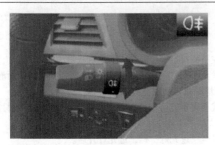	功能操作： 组合开关拨至"近光灯"档，再将雾灯旋钮拨至"后雾灯"档，后雾灯开启
	功能操作： 组合开关左手柄下拉，左转向灯及仪表转向指示灯同时开始闪烁，反之上推，右转向灯及仪表转向指示灯同时开始闪烁
刮水器开关功能操作	
	功能操作： 在间歇档位时，转动间歇时间调节旋钮，随着雨滴数的增加，其刮水间歇时间分别为 1s、3s、5s 和 7s
	功能操作： 在低速与高速档位时，刮水器连续刮水。若欲让刮水器在点刮模式下运作，应从"OFF"位置将控制杆上抬，刮水器将高速刮水，直至将控制杆松开为止

项目 5　新能源汽车功能操作

（续）

刮水器开关功能操作	
	功能操作： 为清洗前风窗玻璃，请将刮水器控制杆向后拉起，洗涤器就会一直喷水，同时刮水器运作。 当松开控制杆时，洗涤器将停止喷水，刮水器将摆动三次后停止
电动车窗开关	
	功能操作： 若驾驶人侧车窗在上升过程中，有人或物体被夹住，则玻璃会停止上升并自动下降一定距离
	功能操作： 按下驾驶人侧其他车窗开关，乘员侧车窗下降；拉起驾驶人侧其他车窗开关，乘员侧车窗玻璃升起。只要按动开关，车窗玻璃就会随之移动
	功能操作： 按下车窗锁止按键，仅驾驶人可对车窗玻璃进行升降操作，各乘员无法进行其他车窗玻璃升降操作。同时这三个按键上的工作指示灯熄灭。 1. 再次按下车窗锁止按键，按键升起，恢复各乘员侧的玻璃升降器开关功能，同时这三个按键上的工作指示灯点亮。 2. 车窗系统控制具有延迟功能：当起动按钮关闭后，此功能仍可保证在最长 10min 的时间内开启或关闭车窗；打开任意一扇前车门，均可立即取消延迟功能。此时，必须将起动按钮切换至"OK"档电源状态才能控制车窗。 3. 当仪表设置此功能时（详见仪表设置操作），长按遥控器解锁，四门玻璃自动下降，松开按键玻璃即停止动作。 4. 当仪表设置此功能时（详见仪表设置操作），长按左前门微动开关，玻璃自动上升，松开按键玻璃即停止动作。

（续）

	紧急警告开关
	功能操作： 按下紧急警告灯的按钮，可点亮危险警告指示灯（六向闪光灯）。此时六盏车外转向信号灯和仪表盘上的两盏转向信号指示灯一起闪烁
	充电口盖开启手柄
	功能操作： 拉起充电口盖开启手柄，充电口盖自动弹开
	2号开关组功能操作
	功能操作： 可根据乘员人数和车辆的载重状况操作前照灯调节开关调整近光灯照射高度： 1. 组合开关拨至示宽灯档，前照灯调节开关背光点亮。 2. 组合开关在前照灯档时，前照灯调节开关处于0档位，近光灯灯光照射高度最高；前照灯调节开关处于5档位，近光灯灯光照射高度最低。根据驾驶人的需要，调节开关拨至0~5某一档位，近光灯灯光照射高度随之变化。
	功能操作： 操作电动外后视镜开关调节外后视镜，电动外后视镜调节开关共有3档： 1. 关闭档：在此档时，开关不能前后左右动作，调节功能关闭。 2. 左外后视镜档：把调节按钮向左按下，即选择了左外后视镜。 3. 右外后视镜档：把调节按钮向右按下，即选择了右外后视镜。 4. 外后视镜方向调节共有四个方向，即上、下、左、右，分别对应开关的前、后、左、右动作。

温馨提示：
当后视镜被冰冻住时请勿操作控制器或刮后视镜的表面，须用喷雾除冰器除去后视镜表面的冰

项目 5　新能源汽车功能操作

（续）

3 号开关组功能操作	
	功能操作： 1. 按背光调节开关 "+" 号时，仪表背光亮度变亮一个档次，依此类推，每按一下 "+" 时，仪表背光变亮一个档次（仪表背光有 10 档）。当按背光调节开关 "-" 号时仪表背光亮度变暗一个档次，依此类推，每按一下 "-" 时，仪表背光变暗一个档次。开关长按时可以实现连续变化。 2. 按下 ODO/TRIP 为自复位开关，每按下开关一次，仪表上的里程页面切换一次，共切换三次，页面循环切换。短按此按键切换液晶显示屏上的长/短里程信息，长按此按键可清零短里程。 3. 按下 ECO 开关，整车进入 ECO 模式，同时组合仪表上会有 ECO 字符显示。
放电开关功能操作	
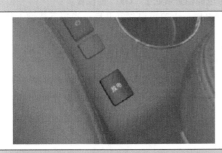	功能操作： 1. 车辆电源档位处于 "OFF" 档，按 "放电" 开关，进入放电模式设置，此时组合仪表上显示提示信息。 2. 在放电过程中，再按 "放电" 开关，放电结束。若需再放电，可再按 "放电" 开关。
车后微动开关功能操作	
	功能操作： 1. 解锁方式：携带有效钥匙（电子智能钥匙或卡式钥匙）按下车后微动开关则所有车门解锁。此时按下行李箱开关则打开行李箱。 2. 闭锁方式：盖上行李箱，行李箱闭锁，按下车后微动开关则所有车门闭锁。
转向盘开关组功能操作	
	功能操作： 电源档位处于 "OK" 档时，音响控制开关可用。 1. 按下 ![] 上的 "+" 号：调高音量。 2. 按下 ![] 上的 "-" 号：调低音量。 3. 按下 ![] 上的 ∧：收音机模式下自动搜寻上一强信号电台（调高频率）；CD/USB/SD/AUX 模式下播放上一首（曲目号 +1）。 4. 按下 ![] 上的 ∨：收音机模式下自动搜寻下一强信号电台（调低频率）；CD/USB/SD/AUX 模式下播放下一首（曲目号 -1）。 5. 按下 ，选择模式，可按 FM → AM → CD（如果唱片已被装填）→ USB（如果 USB 接口已被连接 U 盘）→ AUX（如果 AUX 接口连接了播放器）→ SD（如插入 SD 卡）之间切换循环。 6. 如果音响处于关机状态，短按 [模式] 可以进行开机操作，进入上次关机时的记忆播放模式。 7. 如果记忆播放模式无播放源（如无碟片、无外接音频设备），则直接切换到 FM 模式，再次按下时按照以上顺序进行切换；同时具有长按关闭音响系统的功能。

（续）

室内阅读灯开关	
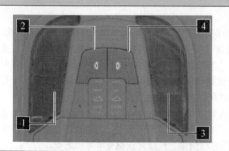	功能操作： 1—左阅读灯　2—左阅读灯控制开关 3—右阅读灯　4—右阅读灯控制开关 当按下左/右阅读灯控制开关时，左/右侧阅读灯点亮，再次按下左/右阅读灯控制开关时，左/右侧阅读灯熄灭
天窗	
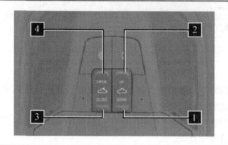	功能操作： 1. 操纵天窗时电源档必须处于"OK"的位置。 2. 当按下按键2时，天窗可以斜升开启；当按下按键1时，天窗可以从斜开状态关闭。 3. 当按下按键4时，天窗完全打开滑入车顶夹层；当按下按键3时，天窗从打开状态关闭。 4. 当天窗到达乘员所希望的位置时，松开开关天窗即可停止运动。天窗无防夹功能，所以在开闭天窗前，请务必确认所有乘员的手都已从天窗上移开。

任务3　新能源汽车的使用和驾驶操作

一、任务引入

新能源汽车的使用和驾驶操作与传统汽车并没有太大的区别，能够正确规范地驾驶一辆新能源汽车将给驾驶者带来极大的乐趣。我们该如何正确地使用新能源汽车呢？通过本任务的学习，掌握丰田普锐斯和比亚迪e5车型的使用和驾驶方法。

二、任务要求

知识要求：

- 掌握新能源汽车使用要领及注意事项。
- 熟悉新能源汽车驾驶操作要求。

技能要求：

- 学会新能源汽车的使用与驾驶方法。

职业素养要求：

- 严格执行汽车检修规范，养成严谨科学的工作态度。

- 尊重他人劳动，不窃取他人成果。
- 养成总结训练结果的习惯，为下次训练积累经验。
- 养成团结协作的精神。
- 严格执行 5S 现场管理。

三、相关知识

1. 充电装置

（1）充电安全警告

1）请选择在相对较安全的环境下充电（如避免有液体、火源等环境）。

2）不要修改或者拆卸充电端口和充电设备，这样可能导致充电故障，引起火灾。

3）充电前请确保车辆充电口和充电连接器端口内没有水或外来物，金属端子没有生锈或者腐蚀造成的破坏或者影响，这些情况下不允许充电。因为不正常的端子连接可能导致短路或电击，威胁生命安全。

4）如果在充电时发现车里散发出一种不同寻常的气味或者烟，请立即停止充电。

5）为了避免造成严重的人身伤害，车辆正在充电时，要有以下预防意识：

① 不要接触充电端口或者充电连接器内的金属端子；当有闪电时，不要给车辆充电或触摸车辆，闪电击中可能导致充电设备损坏，引起人身伤害。

② 充电结束后，不要以湿手或站在水里时去断开充电连接器，因为这样可能引起电击，造成人身伤害。

6）车辆行驶前请确保充电连接器从充电口断开。

7）如果想在车内使用任何医学设备，在使用之前请和制造商确认充电是否影响设备的正常工作。充电可能导致设备的不正常操作，造成人身伤害。

（2）充电注意事项

1）当仪表 SOC 指示条进入红色警示区时，表明动力电池电量已不足。建议在电量降至红格时即去充电，可以确保不会因电量不足而无动力搁浅，不建议在电量耗尽后再进行充电，因为那样会影响电池的使用寿命。

2）家用交流充电是使用车辆配备的交流充电连接装置进行充电。推荐使用 220V、AC 50Hz、10A 的专用交流电路和电源插座。这是为了避免线路破坏或者由于给电池充电时的大功率导致线路跳闸保护，如果没有使用专用线路，可能影响线路上其他设备的正常工作。如果一个专用线路已经不能使用，应由专业电工来安装。

3）为了避免对充电设备造成破坏，应注意以下事项：

① 不要在充电口盖打开的状态下关闭充电口舱门。

② 不要用力拉或者扭转充电电缆。

③ 不要使充电设备承受撞击。

④ 不要在温度高于 50℃的环境下存放或者使用充电设备。

⑤ 不要把充电设备放在靠近加热器或其他热源的地方。

4）当外部电网断电不超过 24h，充电系统会自动重新启动充电，不用重新连接充电连接器。

5）充电时，建议将车辆停放在通风处。

6）充电时电源档位需处于"OFF"档，电源处于"OK"档时不能充电，禁止电源处于"OK"档时充电。

7）充电时，前舱的高压电控模块处于工作状态，此时会发出几次继电器吸合的"咔哒"声，这属于正常现象。

8）充电时请离开充电车辆并严格按照充电站的要求进行充电。因高压危险，请站于安全线以外。

9）当动力电池电量充满后，系统会自动停止充电。

10）停止充电时应先将充电柜或充电桩关闭，再断开充电连接器；家用交流充电时应先断开交流充电连接器，再断开插座端电源。

11）起动车辆前请确保充电连接器已经断开，充电口盖和充电口舱门已经关闭，因为充电连接器锁止机构没有完全锁止状态下，车辆可能也可以调至"OK"档，并能够挂档行驶，导致损坏充电设备及车辆。

12）充电口盖未关闭，水或外来物质可能进入充电口端子，影响正常使用。

13）当环境温度低于0℃时，充电时间要比正常时间长，充电能力较低。

14）如果车辆长时间不使用，为了延长动力电池的使用寿命，建议每3个月充电一次。

15）为方便使用，仪表上会提示预计充满电时间。不同温度、电量、充电设施等情况下，充满电时间可能有一定偏差，属于正常现象。

16）如果充电口舱门因天气等原因导致冻住，请使用热水或不高于100℃的加热装置将冰融化后再开启充电口舱门，请勿强行打开。

1.1 比亚迪e5纯电动汽车充电使用说明

e5是一款纯电动汽车，只能采用动力电池提供的能量来行驶。为了避免因动力电池亏电而导致车辆无法行驶，及时充电储能并在行驶前计算电量需求是非常重要的。

动力电池充电完成所需时间因充电功率、剩余电量、实时温度、车辆使用时间、环境温度等条件而变化，具体充电时间以仪表显示时间作为参考。

有四种充电方法可以为此款车型的动力电池充电：交流充电桩或壁挂式充电盒三相（单相）交流充电、直流充电柜直流充电（装有时）、家用单相交流充电（装有时）、车辆之间相互充电（装有时）。

（1）充电模式

1）即时充电（一般直接充电）：连接交流/直流充电连接器，充电设备启动充电，则实现立即充电。操作步骤如下：

① 电源档位退至"OFF"档。

② 连接充电连接器。

③ 充电设备设置启动充电。使用三芯转七芯交流充电连接装置时，不用设置，即插即充。

2）预约充电（按照客户设置的充电时间对车辆定时充电）：只有在充电过程中，才可以根据仪表提示进行预约充电设置。操作步骤如下：

① 电源档位退至"OFF"档。

② 连接交流充电连接器。

③ 充电设备设置启动充电。使用三芯转七芯交流充电连接装置时，不用设置，即插即充。

④ 在有充电电流时，根据仪表提示设置预约充电开始时间（图5-3-1），实现预约定时开启充电及结束充电功能。

项目 5　新能源汽车功能操作

（2）充电方式

1）交流充电桩或壁挂式充电盒三相（单相）交流充电：常温下（23℃）单相交流充电时，动力电池充电电量（SOC）从 10% 到 100% 所需时间约为 6h，充电方法详细步骤参见任务实施。

性能参数：输入电压为 220V、AC 50Hz；充电时间为 6h。

常温下（23℃）三相交流充电时，动力电池充电电量（SOC）从 10% 到 100% 所需时间约为 1h，充电方法详细步骤参见任务实施。

图 5-3-1　充电仪表提示

性能参数：输入电压为 380V、AC 50Hz；充电时间为 1h。

2）直流充电柜充电（装有时）：常温下（23℃）直流充电柜直流充电时，动力电池充电电量（SOC）从 10% 到 100% 所需时间约为 1h，充电方法详细步骤参见任务实施。

性能参数：充电功率为 40kW；充电时间为 1h。

3）家庭单相交流充电（装有时）：常温下（23℃）用家用充电设备（三芯转七芯）交流充电时，动力电池充电电量（SOC）从 10% 到 100% 所需时间约为 13h，充电方法详细步骤参见任务实施。

性能参数：输入电压为 220V、AC 50Hz；充电时间为 13h。

温馨提示

应选用专用的充电插座，专用插座可以避免因大功率充电导致线路破坏和保护跳闸而影响其他设备的正常使用。

4）车辆之间相互充电（装有时）：常温下（23℃）车辆之间互相充电时，动力电池充电电量（SOC）从 10% 到 100% 所需时间约为 1h，充电方法详细步骤参见任务实施。

性能参数：输入电压为 380V、AC 50Hz；充电时间为 1h。

注　意

- 输入电压为外部供电设备供给车辆的充电电压的平均值。
- 输入电流为外部供电设备供给车辆的充电电流的平均值。
- 充电时间为常温下（23℃）车辆 SOC 从 10% 至 100% 充电一般所需时间。

1.2　比亚迪 - 秦插电式油电混合汽车充电使用说明

比亚迪 - 秦是一款混合动力汽车，可以采用燃油和动力电池提供的能量来行驶。为了避免因动力电池亏电而导致车辆无法纯电动行驶，及时充电储能并在行驶前计算电量需求是非常重要的。

有三种充电方法可以为此款车型的动力电池充电。

（1）家用单相交流充电

交流充电连接装置（三芯转七芯）是随车配送的充电装置，将车辆与家用标准 220V、AC 50Hz、10A 单相两极带接地插座相连，为车辆充电。

插座应选用带有断路保护功能的专用的充电插座。采用专用插座是为了避免因大功率充电会导致线路破坏或是保护跳闸而影响其他设备的正常使用。如果一个专用线路已经不能使用，应由专业电工来安装。充电方法详细步骤参见任务实施。

147

（2）壁挂式充电盒单相交流充电

壁挂式充电盒是随车选送的充电装置，将车辆与家用标准220V、AC 50Hz、16A单相两极带接地插座相连，为车辆充电。

充电盒通常安装在私人停车场、大型超市、购物广场或停车场等公共场所。充电方法详细步骤参见任务实施。

（3）充电桩单相交流充电

还可以使用公共场所的交流充电桩为车辆充电。交流充电桩通常安装在大型超市、购物广场及停车场等公共场所。

目前比亚迪公司有一种单相充电桩，多用于混合动力车型充电。充电方法详细步骤参见任务实施。

- 动力电池充电完成所需时间因充电方法、剩余电量、实时温度、使用时间，环境温度、条件而变化。使用手册里给出的数据与实际充电所需时间会有差别。
- 交流充电方法参照国标GB/T 20234.2—2015《电动汽车传导充电用连接装置 第2部分：交流充电接口》。

2. 放电装置

2.1 比亚迪e5放电模式

e5具有车辆对外放电功能（装有时），即VTOG控制器能够实现充电桩或壁挂式充电盒提供交流电的功能。通过放电模式设置，可实现对车外不同种类的负载供电。

（1）车辆对用电设备放电模式"VTOL"

"VTOL"放电模式用于车辆对用电设备放电，可以实现小功率电网供电功能。

车辆电源档位处于"OFF"档，设置放电模式为"VTOL"，连接车辆对插排放电连接装置，VTOG控制器检测到车辆插头连接正常后，控制输出功率实现对外放电功能。

性能参数：输出电压为220V、AC 50Hz（单相）；输出电流为16A。

（2）车辆对车辆放电模式"VTOV"

"VTOV"放电模式用于车辆对车辆放电，可以实现充电桩或壁挂式充电盒充电功能。

车辆电源档位处于"OFF"档，设置放电模式为"VTOV"，需要充电车辆电源处于"OFF"档，连接车辆对车辆放电连接装置，VTOG控制器检测到车辆插头连接正常后，控制输出功率实现对车辆放电功能。

性能参数：输出电压为380V、AC 50Hz；输出电流为63A。

（3）车辆对电网放电模式"VTOG"

"VTOG"放电模式用于车辆对电网放电，主要是在车辆出厂前进行电池容量标定，实现电池包快速放电功能。

车辆电源档位处于"OFF"档，档位设置为P位，设置放电模式为"VTOG"，连接交流充电枪总成，VTOG控制器检测到车辆插头连接正常后，控制输出功率实现对电网放电功能。

性能参数：输出电压为380V、AC 50Hz；输出电流为63A。

2.2 比亚迪-秦放电模式

车辆对车辆放电连接装置（VTOV）：一辆车有电，一辆车没有电，由有电的车供给没电的车，进行充电（必须是搭载双向逆变技术的车辆）。

车辆对排插放电连接装置（VTOL）：一辆有电的车，使用排插，可以供应电器进行充电，如手机、计算机等。

3. 混合动力汽车的驾驶与节油

（1）驾驶使用要领

1）缓慢而稳定的加速，避免急速起步，应尽快地使用高速档进行驾驶。

2）避免发动机长时间空转。如果在交通不繁忙的地区而又要长时间等人，则最好关闭发动机，过后再起动。

3）避免发动机加载减速或超速运转。应根据行车的路面条件来选择适当的速度档位。

4）避免连续不断的加速和减速。停停走走的驾驶方式将浪费燃油。

5）避免不必要的停车或制动。保持平稳的车速，配合交通信号灯进行驾驶，即可将停车的次数减到最少的程度。或利用无交通灯的快速路行驶，与前车应保持适当的行驶距离来避免紧急制动，这也将减少制动器的磨损。

6）尽可能避开交通繁忙或交通堵塞的道路。

7）脚不要放在制动踏板上，这将引起过早的磨损、过热和消耗大量燃油。

8）在高速公路上应保持适当的车速。车速越高，耗油量也就越多。将车速保持在经济时速范围内，可节省燃油。

9）前轮应保持正确的定位。避免碰撞路边侧石，在崎岖路面上要慢慢驾驶。前轮定位不准，不仅会引起轮胎的过快磨损，还会使发动机增加负荷，也就是会增加油耗。

10）车底盘应保持洁净，没有泥浆等物。这不但可以减轻车身的质量，也可防止腐蚀。

11）调整车辆并保持在最佳的工作状态。空气滤清器过脏、不恰当的气门间隙、火花塞过多积炭、机油和润滑油过脏、变质或黏稠，以及未调整好的制动器等，均会影响发动机的性能并浪费燃油。为了使所有的部件都保持较长的使用寿命，降低运行费用，须进行定期保养。如果经常在恶劣的条件下行驶，则应缩短保养间隔时间。

（2）节油要领

节省燃油有助于延长车辆的使用寿命。以下是一些节省燃油费和修理费的要领：

1）油电混合动力汽车具有能量回收功能，并有能量回收强度设置功能，可在多媒体和仪表中的车辆设置功能中进行设置。当能量回收模式设置为较大档位时，可增加车辆制动、滑行过程中回收的能量，可根据驾驶习惯进行设置。

2）匀速驾驶有助于节省燃油。急加速、急转弯及急制动都将消耗更多的燃油。

3）尽量保持在最高档驾驶，可使发动机运转及加速更平稳。

4）根据交通状况，尽量保持匀速。车辆的每次减速或加速都将额外地消耗燃油。

5）在适当的驾驶条件下，使用定速巡航控制（装有时）能更节省燃油。

6）冷态发动机比热态发动机费油，但没有必要为预热而让其长时间怠速运转。

7）无论室外多冷，发动机起动1min后即可将车开走。这样，发动机将更快升温，从而更节省燃油。应尽量将里程较短的行驶安排在一起，以减少"冷态起动"的次数。

8）空调的开启使发动机增加额外的负荷，从而耗费更多的燃油。关闭空调，以减少燃油消耗。当车外气温适宜时，应采用室外循环模式送风。

9）保持正确的轮胎气压。轮胎气压的不足将导致轮胎磨损和燃油浪费。

10）不要在车辆上装载不需要的物品。过大的质量，将增加发动机的负荷量，导致消耗大量的燃油。

11）避免长时间的预热空转。一旦发动机运转平稳后，就开始驾驶。须注意，在寒冷天气发动机的预热时间要长一些。

车辆行驶中，严禁进行空档滑行。

四、任务实施

1. 任务准备

安全防护：注意车辆或台架电压保护。

工具设备：作业保护设备（车外、车内三件套）；安全设施（车轮挡块、警示隔离带等）。

台架车辆：比亚迪 e5 整车、普锐斯整车或比亚迪 - 秦整车。

辅助资料：车主手册、教材。

2. 实施步骤

2.1 比亚迪 e5 纯电动汽车驾驶与使用操作

比亚迪 e5 纯电动汽车驾驶与使用操作见表 5-3-1。

表 5-3-1 比亚迪 e5 纯电动汽车驾驶与使用操作

车辆充电方式	
	功能操作： 1. 交流充电桩或壁挂式充电盒三相（单相）交流充电。 2. 直流充电柜直流充电（装有时）。 3. 家用单相交流充电（装有时）。 4. 车辆之间相互充电（装有时）。
车辆充电方法（交流充电）	
	功能操作： 1. 电源档位置于"OFF"档。 2. 解锁充电口舱门开关，打开充电口舱门。

项目 5　新能源汽车功能操作

（续）

车辆充电方法（交流充电）	
	功能操作： 打开充电口盖
	功能操作： 连接车辆与公共充电桩或壁挂式充电盒
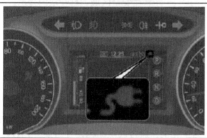	功能操作： 1. 充电时仪表上充电连接指示灯点亮。 2. 交流充电桩或壁挂式充电盒设置（如刷卡）启动充电。 3. 停止充电：交流充电桩或壁挂式充电盒会自动结束充电；也可以自行结束充电，断开充电盒。
	功能操作： 1. 结束充电，断开车辆端充电连接器，按下开关，拔出车辆插头。 2. 整理好充电设备，并妥善放置。 3. 关闭充电口盖和充电口舱门。 4. 充电结束。
直流充电	
	功能操作： 1. 电源档位置于"OFF"档。 2. 解锁门锁开关，打开充电口舱门。 3. 打开直流充电口盖。 4. 连接车辆端充电连接器，仪表上的充电连接指示灯点亮。 5. 充电柜设置（如刷卡）启动充电。 6. 停止充电：充电柜会自动结束充电；也可以自行结束充电，断开充电柜，详细请参考充电柜使用手册。 7. 结束充电，断开车辆端充电连接器，按下开关，拔出车辆插头。 8. 整理好充电设备，并妥善放置。 9. 关闭充电口盖和充电口舱门。 10. 充电结束。

（续）

通过交流充电连接装置实现家用交流充电（装有时）	
	功能操作： 1. 电源档位置于"OFF"档。 2. 打开充电口舱门。 3. 打开交流充电口盖。 4. 连接供电端三芯插头，控制盒点亮"Ready"指示灯，同时"Charge"指示灯闪烁。 5. 连接车辆端充电连接器，仪表上充电连接指示灯点亮。 6. 结束充电，断开车辆端充电连接器，按下开关，拔出车辆插头。 7. 断开供电插头。 8. 整理好充电设备，并妥善放置。 9. 关闭充电口盖和充电口舱门。 10. 充电结束。
通过车辆对车辆放电连接装置实现车辆之间相互充电（装有时）	
	功能操作： 1. 将两辆 e5 停靠在安全区域，打开双闪警示。 2. 放电车辆电源处于"OFF"档。 3. 充电车辆电源处于"OFF"档。 4. 放电车辆设置放电模式，按下放电模式开关，选择"VTOV"放电模式。 5. 打开两辆车的充电口舱门。 6. 打开两辆车的交流充电口盖。 7. 在 10min 内通过车辆对车辆放电连接装置将两车辆连接在一起，则放电车辆充当充电设备开始对需要充电车辆充电；结束充电，通过放电车辆设置结束"VTOV"放电模式，断开放电车辆插头，断开需要充电车辆插头，收起车辆对车辆放电连接装置（如遇紧急情况，可直接断开充电车辆插头，正常使用时，不建议采用此种方法）。 8. 放电车辆自动进入正常驱动模式，关闭交流充电口盖和充电口舱门。 9. 关闭充电车辆的交流充电口盖和充电口舱门。 10. 充电结束。
车辆放电	

功能操作：
通过车辆对插排放电连接装置实现放电模式"VTOL"：
1. 放电车辆电源档位处于"OFF"档。
2. 按下对外放电模式开关。
3. 仪表上弹出设置对话框，选择"VTOL"放电模式。
4. 打开充电口舱门。
5. 打开交流充电口盖。
6. 连接随车配备的车辆对插排放电连接装置，将带有车辆插头的一端与车辆插座相连，此时仪表提示"连接成功，正在放电中，当前 SOC：50%，放电电量：1kW·h，放电模式：VTOL/VTOV/VTOG"即实现放电功能。
7. 车辆按照用户设置进行对外放电。
8. 放电结束后，断开放电连接线，车辆结束对外放电。
9. 关闭交流充电口盖和充电口舱门。
　　车辆对车辆放电过程与车辆单相/三相对外放电过程基本一致，只是充电线改为使用车辆对车辆放电连接线。需要注意：当车辆进行单相/三相放电时，要用户自行设置，请勿设置错误；当车辆对车辆放电时，请勿将两辆车均设置为对外放电；只有车辆在电源档位处于"OFF"档时才能进行放电，其他状态下不能对车辆设置放电

（续）

驾驶车辆前的准备	
	功能操作： 1. 进入车内之前，须检查一下车辆四周的情况。 2. 调节座椅位置、座椅靠背角度、头部保护装置的高度和转向盘的角度。 3. 调节车内和车外的后视镜。 4. 关上所有的车门。 5. 系好安全带。
起动车辆	
	功能操作： 1. 携带有效的智能钥匙。 2. 踩住制动踏板。 3. 按下起动按钮。档位必须置于 P 位或 N 位。 4. 检查驾驶就绪指示灯（OK 指示灯）亮起。 5. 检查电池电量和计程表上的预估行程。
驾驶车辆	
	功能操作： 踩住制动踏板→将变速杆挂入 D 位→松开后变速杆会回到原来的中央位置→确认显示在仪表上的 D 位信息→松开驻车制动→松开制动踏板→踩下加速踏板，开始驾驶
停车	
	功能操作： 1. 停车时，按下变速杆上的 P 位按键同时踩住制动踏板，锁紧驻车制动，然后松开制动踏板。 2. 将电源档位置于"OFF"档。

（续）

电子驻车

功能操作：

1. 电子驻车开关（即EPB开关）在驻车及离车时务必确保处于拉起状态。

2. 手动拉起EPB：向上拉起一下EPB开关，EPB会施加适当的驻车力，仪表上的指示灯(P)会先闪烁后常亮，代表EPB已拉起，并有文字提示"电子驻车已起动"。当指示灯闪烁时表示EPB正在工作，若此时处于坡道上尽量不要松开制动踏板，以免造成溜车风险，待指示灯常亮后再松开制动踏板。

3. EPB自动拉起功能：踩制动踏板将车停下后，按下起动键操作熄火（点火开关由ON档转至OFF档）后，EPB会自动拉起，待到仪表上指示灯(P)由闪烁变为常亮且有文字提醒"电子驻车已启动"后，再松开制动踏板。

4. 手动释放EPB：车辆电源处于ON档或起动状态，且档位处于非P位（驻车档）时，持续踩住制动踏板并按下EPB开关，开始释放电子驻车，直至仪表上的指示灯熄灭，即表示已释放电子驻车，并有文字提示"电子驻车已解除"。

5. 车辆起步时自动释放EPB：车辆处于平路驻车状态，起动车辆，持续踩下制动踏板，将档位由P或N位挂入D或R等行驶档位后，EPB会自动释放，指示灯熄灭，并有文字提示"电子驻车已解除"。

6. 坡道起步：在坡道起步工况，车辆已经处于驻车状态时，不要手动释放EPB（第4项），只需正常地执行换档-踩加速踏板的起步操作，EPB会智能地控制释放时机保证车辆顺畅起步。

7. 应急制动功能：车辆行驶过程中需要制动，发现制动踏板失效或受阻时，可持续拉起EPB开关，对两个后轮进行强制制动，起到应急制动效果。在强制制动过程中仪表上的指示灯会闪烁，并发出警告声和文字提醒"请释放电子驻车开关"。若驾驶人中途想要取消制动，松开EPB开关即可；若车速降至3km/h以下，EPB将会进入驻车状态，此后再松开开关，EPB不会解除制动（车辆已经驻车）。

8. 失效释放功能：当按照第4步手动释放EPB无效时，请持续按住EPB开关2s以上。若EPB能够释放，请尽快开到距离最近的维修店，检查制动踏板灯开关信号及相关零件和线路；若依然不能释放，建议立即与厂家授权服务店联系。

项目 5　新能源汽车功能操作

（续）

换档操作机构	
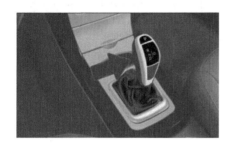	功能操作： 1. 档位执行器档位标示在变速杆上。 2. P 位是驻车档，按下此按钮，可实现驻车。关闭或起动电机时应处于此档。起动车辆时，车辆电源应处于"OK"档，踩下制动踏板，即可从 P 位切换至其他档位。 3. R 位是倒车档，必须在车辆完全停止后方可使用。 4. N 位是空档，当需要暂时停车时使用；无论出于什么原因，只要下车，就必须换至驻车档。 5. D 位是行车档，正常行驶时使用此档位。 6. 换档成功后手松开，变速杆自动回到中间位置。

警告：
1. 按下 P 位按钮时，为避免损坏变速器，必须在车辆完全停止后才能这样操作。如关闭电机并挂入 N 位后仍让车辆移动，变速器将因无法得到润滑而严重受损。
2. 如电机运转且已挂入 R 或 D 位时，务必踩住制动踏板停止车辆，因为即使在急速工况下，传动器仍可传递动力，车辆可能缓慢前行。
3. 行驶时如换档，切勿踩加速踏板，谨防发生事故。
4. 车辆行驶中切勿将变速杆推入 R 位或按下 P 位按钮，谨防发生事故。
5. 车辆不得在 N 或 P 位下沿斜坡下行，即使电机不运转时也不允许。
6. 为了防止车辆无意间移动，车辆停稳后要拉紧驻车制动器，并按下 P 位按钮。

电动外后视镜	
 	功能操作： 将电动外后视镜调节至刚好可以在后视镜中看到车辆的侧边。 1. 电动调节：通过调节 2 号开关组上的电动外后视镜开关，把镜片调节至合适的位置。 2. 手动调节：用手按住镜片的边缘，使镜片绕中心转动，调至合适的位置。

提示：在行驶中，不得调节后视镜。这样做有可能使驾驶人错误地操纵车辆，导致发生意外事故

手动防眩内后视镜	
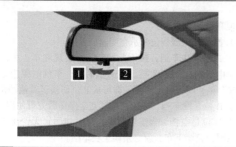	1. 调节内后视镜，以便正好能看到本车的后部。 2. 车内后视镜有分别适合白天和夜晚的两种模式。夜晚位置可减少来自后方车辆的眩光。 3. 白天驾驶：将控制杆置于位置1，在此位置时，后视镜镜像最清晰。 4. 夜间驾驶：将控制杆置于位置2，须记住降低眩光的同时，后部视野的清晰度也有所下降。

2.2 比亚迪-秦混动汽车驾驶与使用操作

比亚迪-秦混动汽车驾驶与使用操作见表5-3-2。

表5-3-2 比亚迪-秦混动汽车驾驶与使用操作

车辆充电	
	功能说明： 充电前检查的内容包括： 1. 确保充电设备没有刮破、生锈、破裂，充电口、电缆、控制盒、电线以及插头表面没有破损等异常情况。 2. 如果插座表面有损坏、生锈、破裂或接触不实时，严禁充电。 3. 当插头很脏或潮湿时请先断电，用干燥清洁的布擦拭插头，确保充电插头干爽、干净。
车辆充电方法（交流充电）	
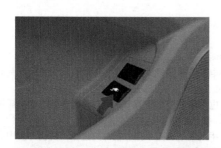 	功能操作： 1. 电动开启充电口盖：打开行李箱盖上的充电口盖（开启按钮位于左前门护板上）。 2. 手动开启充电口盖：打开行李箱盖上的充电口盖（开启开关位于行李箱盖上）。

（续）

车辆充电方法（交流充电）	
	功能操作： 1. 将插头插入插座中，用手紧握插头，将插头完全插入并插紧。 2. 确认控制盒上的指示灯全部亮 0.5s 后熄灭。 3. 打开充电接口外部的盖子，然后再打开充电插头和充电插座的保护盖，确保充电插头和充电插座的端部没有障碍物。 4. 将充电插头插入充电插座直到听到一声轻响。
 	功能操作： 1. 充电装置自动运行，确认 Charge（黄色）灯一直会闪烁（闪烁时间间隔 0.5s），充电完成后 Charge（黄色）指示灯停止闪烁，保持常亮。 2. 充电过程中，仪表显示相关充电参数，同时显示充电动画。
	功能操作： 停止充电时，按住锁止按钮，将充电插头从充电插座中拔出
	功能操作： 从插座上拔出三相插头，拔出时请不要拉扯电线

（续）

车辆充电方法（交流充电）	
	功能操作： 1.将充电口插座的保护盖盖住，然后盖好电动车充电口外部盖子。 2.充电完成后将充电设备放入专用充电包中。 3.接地说明：设备必须接地良好，如果设备出现故障或者损坏时，接地线已提供最小阻抗电路放电，从而减小触电的危险；设备装有设备接地点与三相插头接地点相连的接地线；插头必须与符合安装正确且接地良好的电源插座互配。
警告： 1.严禁对充电设备进行改装、拆散或修理。 2.严禁使用外加的电线或者适配器/转接器。 3.当充电失败或有异常时请立即停止使用该设备。 4.严禁手上沾有水接触插头。 5.严禁触摸充电插头插针和电动车充电插座插孔。 6.必须在额定电压下充电。 7.严禁在三相插头线变软以及充电枪电缆磨损、绝缘层破裂或者其他任何损坏的情况下使用该设备。 8.严禁在防护包装或者电动车充电口断开、破裂、打开或者表露处有任何损坏状况的情况下使用该设备。 9.严禁让未成年人触摸或使用该设备，在使用时不要让未成年人靠近。 10.最高使用环境温度：50℃。 11.禁止跌落，严禁直接拉扯线缆移动此设备，搬动时需轻拿轻放，请将设备存放在阴凉处。 12.充电期间严禁靠近热源或发热电子器件。	
放电装置	
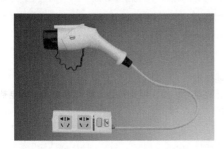	功能操作： 放电前检查项目包括： 1.确保放电设备没有刮破、生锈、破裂或枪口、电缆、插座以及电线表面没有破损等异常情况。 2.如果插座表面有损伤、生锈、破裂或接触不实时，严禁充电。 3.当插头很脏或潮湿时请先断电，用干燥清洁的布擦拭插头，确保放电插头干爽、干净。
	功能操作： 1.打开行李箱盖上的充电口盖（开启按钮位于左前门护板上）。

项目5 新能源汽车功能操作

（续）

放电装置	
 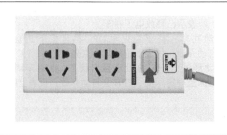	2. 打开电动车充电电接口外部的盖子，然后再打开放电插头和放电插座的保护盖，确保放电插头和放电插座的端部没有障碍物。 3. 将放电插头插入电动车放电插座直到听到一声轻响。 4. 按下放电插座上开关按钮，插座指示灯常亮（红色），表示插座可以使用。
	功能操作： 停止放电时需要注意： 1. 把插座上插的插头拔下，按下开关按钮，插座指示灯熄灭。 2. 按住锁止按钮，将放电插头从放电插座中拔出。 3. 将放电口插座的保护盖盖住，然后盖好电动车放电口外部盖子。 4. 放电完成后将放电设备放入专用放电包中。

警告：
1. 严禁在防护包装或者电动车放电口断开、破裂、打开或者表露处有任何损坏状况的情况下使用该功能。
2. 严禁让未成年人触摸或使用该设备，在使用时不要让未成年人靠近。
3. 当放电有异常时请立即停止使用该设备。
4. 严禁手上沾有水接触插头。
5. 严禁触摸放电插头插针和电动车放电插座插孔。
6. 严禁在三相插头线变软以及放电枪电缆磨损、绝缘层破裂或者其他任何损坏的情况下使用该设备。
7. 严禁非正牌产品使用。
8. 医疗或保健电子仪器慎用。

起动车辆	
一键起动装置	功能操作： 起步前需放开电子驻车制动（EPB），释放 EPB 时，同时踩制动踏板，若操作不当，可能导致 EPB 无法释放，车辆无法行驶，或者导致 EPB 释放不到位，后轮拖滞。 1. 车辆配有按键起动系统，在踩制动踏板的同时通过短暂地按下"起动/停止"（POWER）开关，当 OK 灯点亮时，车辆可以起动。因为有纯电动模式，OK 灯点亮表示车辆达到可行驶状态。 2. 携带钥匙。 3. 在踩踏制动踏板的情况下短暂地按下"POWER"（电源）开关。 4. 放开电子驻车制动（EPB）。

（续）

驾驶车辆	
	功能操作： 驾驶过程中，能源在车辆减速时通过再生制动器得以回收，不过为了更有效的使用，不要对车辆进行不必要的加速和减速。 可以通过多媒体"行驶设置"选项设置"能量回馈强度"： 1. 标准：车辆松加速踏板时回馈适中，减速感中等。 2. 较大：车辆松加速踏板时回馈较大，减速感较大。 3. 用户可以根据自己对松加速踏板时的减速感需求自由选择回馈强度，体验不同减速感，获得不同的驾驶乐趣。 4. 松加速踏板回馈强度设定以后，具有记忆功能，即使车辆退电以后，下次再上电时，仍保持上次设定的回馈模式。
电子驻车	
	功能操作： 驻车时，拉起EPB开关，并按下P位按键。 1. 手动驻车：向上拉起图示开关，仪表上的指示灯会先闪烁，常亮之后代表EPB已开启。 2. 手动释放：按下"起动/停止"按钮至"ON"档，踩住制动踏板，同时向下按P位开关。直至仪表上的指示灯熄灭，即表示已释放电子驻车。 3. 自动驻车：整车熄火至OFF档且按下P位按键，EPB会自动开启，仪表上指示灯会点亮。 4. 自动释放：若EPB处于开启状态，此时车辆起步，加速踏板踩至一定深度，EPB会自动释放，仪表上的指示灯熄灭。
EV驱动模式	
	功能操作： 在EV驱动模式下，电机驱动车辆，电机由动力电池提供动力。 1. 打开EV驱动模式：EV按钮上的指示灯（绿色）亮表示在EV模式，MODE旋钮顺时针旋转，进入到EV-SPORT模式；MODE旋钮逆时针旋转，进入到EV-ECO（模式）。 2. EV驱动模式的自动取消：在EV驱动模式下行驶时，汽油发动机可能在下列情况下自动重新起动：动力电池电量低时、驶入一定坡度的坡道上时、混合动力系统温度高时、混合动力系统温度低时。
全景影像系统（装有时）	
	功能操作： 全景影像系统显示画面由全景视图和单幅视图构成，可以在屏幕上看到不同视图的组合。 1. 全景+前视：显示车辆周边俯视图及车辆正前方视图。 2. 全景+后视：显示车辆周边俯视图及车辆正后方视图。 3. 全景+左视：显示车辆周边俯视图及车辆左侧视图。 4. 全景+右视：显示车辆周边俯视图及车辆右侧视图。

项目 5　新能源汽车功能操作

（续）

全景影像系统的开启

功能操作：
1. 起动按钮在 ACC/ON/OK 档位置，档位在非倒档时，按下转向盘全景影像系统开启按键，全景影像系统开始工作，多媒体界面显示车辆周边"全景+前视"视图。"影像"按键为全景影像系统开启按键。
2. 起动按钮在 ON/OK 档位置，当变速杆换到 R 位（倒档）时，全景影像系统开始工作，多媒体界面显示车辆周边"全景+后视"视图。

驻车辅助系统

功能操作：
进行纵列式驻车或移车入库时，该传感器可测量车辆与障碍物间的距离，并通过多功能显示屏和蜂鸣器进行传达。在使用该系统时，请务必留意周围环境。
1—右前角传感器　2—左前角传感器
3—右后角传感器　4—后中央传感器
5—左后角传感器
注意：
1. 传感器可能探测不到离车辆特别近的障碍物。
2. 在传感器工作范围以内请勿附加任何其他物品。
3. 请勿对着传感器部位用水或蒸汽冲洗，否则可能导致传感器发生故障。

行车记录仪

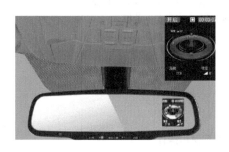

功能操作：
内后视镜集成了行车记录系统，包含行车记录功能、海拔、坡度及 PM2.5（根据车型配置）。
功能按键说明如下：
1. [开关] 默认开启行车记录仪，短按为开启录像，长按为关闭录像。
2. [锁定回放] 录像模式下短按，进入自动回放界面，按任意键可退出回放，进入录像界面；长按为关闭/开启防眩功能。
3. [切屏] 录像界面和罗盘界面，短按为切换功能；长按为手动校准方向。

电动后视镜

功能操作：
行车前，将电动外后视镜视野调节至刚好可以在后视镜镜片中看到车辆的侧边。
1. 电动调节：通过调节面板上的电动外后视镜开关把镜片调节至合适的位置。

（续）

电动后视镜	
	2. 手动调节：用手按住镜片的边缘，使镜片绕中心转动，调至合适的位置。
充电口电锁控制功能	
 	功能操作： 为防止充放电时充电枪被盗，本车放充电过程中充电口具备电锁功能。该功能为默认启用，若您需取消该功能，可按以下步骤进行操作： 1. 打开多媒体"行驶设置"。 2. 进入"充电口电锁工作模式设置"，选择"停用电锁"。 3. 在"启用电锁"模式下，用户插枪且四门及行李箱处于闭锁状态，此时充电枪会被锁止；若用户需要断开充电枪可将四门或行李箱解锁，也可如上述打开多媒体进入设置"停用电锁"也可解锁充电枪。 本车电锁具备手动解锁功能，若需手动解锁，可按以下操作： 1. 打开行李箱盖，内侧设有手动解锁盖板，揭下盖板。 2. 按盖板上提示进行解锁操作即可。 3. 解锁完成记得盖上盖板。

2.3 丰田普锐斯驾驶与使用操作

丰田普锐斯驾驶与使用操作见表 5-3-3。

表 5-3-3 丰田普锐斯驾驶与使用操作

车辆停放安全	
	功能操作： 1. 进入车内之前，须检查一下车辆四周的情况。 2. 调节座椅位置、座椅靠背角度、头部保护装置的高度和转向盘的角度。 3. 调节车内和车外的后视镜。 4. 关上所有的车门。 5. 系好安全带。

项目 5　新能源汽车功能操作

（续）

起动车辆	
	功能操作： 1. 携带有效的智能钥匙。 2. 踩住制动踏板。 3. 按下起动按钮（档位必须是 P 或 N 位）。 4. 检查驾驶就绪指示灯（OK 指示灯）亮起。 5. 检查电池电量和计程表上的预估行程。
驾驶车辆	
	功能操作： 1. 踩住制动踏板； 2. 将变速杆挂入 D 位。松开后变速杆会回到原来的中央位置。 3. 确认显示在仪表上的 D 位信息。 4. 松开驻车制动。 5. 松开制动踏板。 6. 踩下加速踏板，开始驾驶。
停车	
	功能操作： 1. 停车时，按下变速杆上的 P 位按键，同时踩住制动踏板，锁紧驻车制动，然后松开制动踏板。 2. 将电源档位置于"OFF"档。

任务 4　新能源汽车舒适娱乐系统的操作

一、任务引入

新能源汽车配备有丰富的舒适娱乐系统，在减轻驾驶人的疲劳强度和增强驾驶乐趣的同时，也在消耗着宝贵的电能。我们该如何合理使用这些系统呢？通过本任务的学习，掌握丰田普锐斯和比亚迪 e5 车型舒适娱乐系统的使用方法。

二、任务要求

知识要求：

- 掌握新能源汽车舒适娱乐系统的使用注意事项。
- 熟悉新能源汽车舒适娱乐系统的合理操作方法。

技能要求：

- 学会操作新能源汽车舒适娱乐系统的方法。

职业素养要求：

- 严格执行汽车检修规范，养成严谨科学的工作态度。
- 尊重他人劳动，不窃取他人成果。
- 养成总结训练结果的习惯，为下次训练积累经验。
- 养成团结协作的精神。
- 严格执行5S现场管理。

三、相关知识

1. 空调系统

新能源汽车的空调系统和传统汽车的不同点在于不需要起动发动机也可以使用，在功能操作上基本和传统汽车一致，在此不再赘述。具体使用方法见任务实施，结构原理参见教程《新能源汽车电气技术》。

1）要使在烈日下停放后的车辆迅速冷却下来，可打开车窗驾驶数分钟。这样可以排出热气，加快空调对车内的冷却。

2）确保风窗玻璃前方的进气格栅没有堵塞（如树叶或积雪）。

3）在潮湿的天气中使用，不要让冷气吹到风窗玻璃上。因为风窗玻璃内外侧的温差会引起风窗玻璃起雾。

4）须保持前排座椅的下面空敞，以使车内的空气得到充分的循环。

5）在寒冷的天气，须将风扇转速设定为高转速并持续1min来清除进气通道的积雪或湿气，这样可以减少车窗起雾。

6）在多尘的道路上尾随其他车辆行驶时，或在有风和灰尘的情况下行驶时，要关闭所有的车窗。如果关闭车窗后，由车辆扬起的灰尘仍然进入车内，则建议将进气模式设置为内循环，并将风扇转速设置在"0"以外的任何位置。

比亚迪 e5 空调系统讲解

2. 多媒体系统

汽车多媒体是由最初的音响设备（辅助设备）经过近100年的发展而成的，集视听娱乐、通信导航、辅助驾驶等多种功能于一体的综合性多媒体车载电子系统，成为汽车上一个不可缺少的组成部分，也是评价汽车舒适性的依据之一。它主要包括：汽车影音系统（CD/DVD/USB/AUX）、车载电视系统、汽车信息系统、汽车管理系统、倒车雷达系统、汽车行驶记录仪、智能化互联系统等，具体使用方法见任务实施。下面以比亚迪-秦为例，介绍多媒体系统的主要功能。

（1）出碟

1）短按：实现机芯进出碟动作，当碟口有碟选择进碟时，数字屏显示进碟提示并伴随着进碟动作；当机芯内有碟选择出碟时，显示屏有出碟提示并伴随出碟动作；当机芯内无碟时按压此键，显示屏提示没有光盘后跳回上一播放模式。

2）长按：执行强制出碟动作。

（2）导航

进入 GPS 导航地图界面。

（3）电视

进入移动数字电视界面。

（4）向上调节

1）FM/TV 模式：自动向上选一强信号电台。

2）CD/DVD/SD/USB/ 手机音乐模式：短按为选择上一曲。

3）AUX 模式：无功能。

（5）向下调节

1）FM/TV 模式：自动向下选一强信号电台。

2）CD/DVD/SD/USB/ 手机音乐模式：短按为选择下一曲。

3）AUX 模式：无功能。

（6）空调手动模式

按下"手动"按键进入空调手动操作界面。在空调界面中可以手动设置风量大小、A/C 开关、通风开启和出风模式。

（7）空调自动模式

有效操作"自动"按键，按键上的指示灯点亮（绿色），空调进入自动控制模式。压缩机、电加热器、风量档位、出风模式等根据车内温度及设定温度自动控制。同时，温度旋钮点亮，显示上次关空调时设定的温度。

（8）内外循环

使车内（外）的空气进行循环。当内外循环按键指示灯不亮时，进风模式为外循环。按下"内外循环"按键，按键上的指示灯点亮（绿色），进风模式切换成内循环。

（9）USB&AUX 堵盖 、SD 卡堵盖

抠开 USB&AUX、SD 卡的堵盖，里面有 USB 接口、AUX 接口以及地图 SD 卡和音视频 SD 卡接口，用户可以使用 SD 卡、USB 等外设与多媒体系统连接。

（10）温度旋钮

开启空调，温度旋钮点亮，显示上次断电时的设定温度。空调开启后，顺时针调节旋钮，温度升高；逆时针调节旋钮，温度降低。

（11）倒车雷达开关

按下倒车雷达开关，开启倒车雷达功能。车辆周围有障碍物时，系统会发出警告提示声，多媒体系统处于全景影像界面、倒车、右前影像界面时配合有图像提示。

（12）前除霜

1）有效操作"前除霜"按键，按键上的指示灯点亮（黄色）。

2）当设定温度在 18~32℃时，风量默认为 5 档；当设定温度为 LO 或 HI 时，风量默认为

最大（7档）。气流主要从风窗玻璃风口处通风，即为"前除霜"模式。再按下按键，按键指示灯熄灭，空调退出前除霜模式。空调设置返回到前除霜设置的状态。

（13）电除霜

1）有效操作"电除霜"按键，按键上的指示灯点亮（黄色），后风窗玻璃和左右前后视镜电除霜功能开启。它对空调系统的各模块工作没有影响。

2）再次有效操作"电除霜"按键，按键指示灯熄灭，电除霜功能停止。此外，电除霜连续工作15min后，该系统将自动关闭。

（14）空调关闭

1）有效操作"关空调"按键，任何空调模式下即可关闭空调系统。

2）在空调界面时，空调界面左中位置会显示"空调关闭"；在非空调界面操作时，弹出空调关闭提示框，若连续3s未对空调按键进行有效的操作，空调提示框自动隐藏。

（15）音量调节

1）调节音响系统的输出音量。

2）逆时针调节音量减小，顺时针调节音量增大。

3）单击：音响关闭与音响模式切换。

4）快速双击：进入主页面。

（16）向下选择

RADIO模式：短按为频率手动调节+，长按为频率连续调节+。

（17）向上选择

1）RADIO模式：短按为频率手动调节-，长按为频率连续调节-。

2）在相应的模式下切换变化，如果在GPS导航状态下，则通过下拉菜单显示其变化。

（18）静音

1）按下后可实现静音功能，若再次选择静音键或调节音量可以取消静音。

2）各功能正常执行，只屏蔽扬声器声音。关机不需要记忆静音模式。

（19）副驾驶安全带指示灯

副驾驶座椅坐人且安全带未系时指示灯点亮；副驾驶座椅未坐人或安全带系好后指示灯不点亮。

（20）前排乘员安全气囊工作状态指示灯

1）前排乘员安全气囊开关置于ON档时，多媒体面板上前排安全气囊工作状态指示灯和OFF灯都是熄灭的状态。

2）前排乘员安全气囊开关置于OFF档时，多媒体面板上OFF灯点亮。

（21）电台模式

进入FM显示界面。

（22）DVD模式

进入碟片播放状态。

项目 5 新能源汽车功能操作

四、任务实施

1. 任务准备

安全防护：注意车辆或台架电压保护。
工具设备：作业保护设备（车外、车内三件套）；安全设施（车轮挡块、警示隔离带等）。
台架车辆：比亚迪 e5 整车、普锐斯整车或比亚迪 - 秦整车。
辅助资料：车主手册、教材。

2. 实施步骤

2.1 比亚迪 e5 纯电动汽车舒适娱乐系统功能操作

比亚迪 e5 纯电动汽车的舒适娱乐系统功能操作见表 5-4-1。

表 5-4-1   比亚迪 e5 纯电动汽车的舒适娱乐系统功能操作

空调系统	
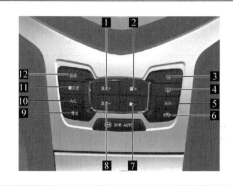	指示含义： 1—"温度升"按键 2—"风量升"按键 3—"前除箱"按键 4—"后除箱"按键 5—"通风"按键 6—"内外循环"按键 7—"风量降"按键 8—"温度降"按键 9—"出风模式"按键 10—"压缩机模式"按键 11—"关闭"按键 12—"自动"按键
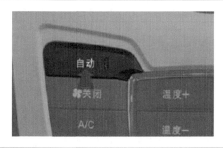	功能操作： 在自动模式下，空调系统将根据设定温度来选择最合适的出风档位、出风模式、PTC 及压缩机的工作状态
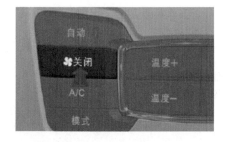	功能操作： 按下该键，任何模式下空调都可关闭

（续）

空调系统	
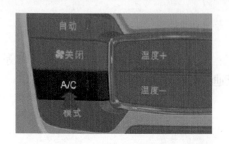	功能操作： 按下该键，空调开启，压缩机工作
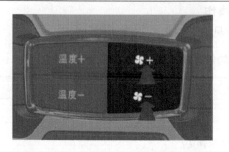	功能操作： 风量调节键
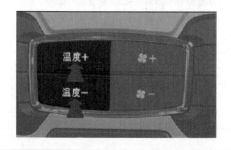	功能操作： 温度调节键
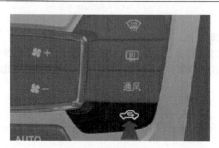	功能操作： 内外循环调节键
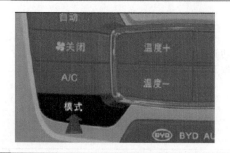	功能操作： 出风口模式选择键

项目5 新能源汽车功能操作

（续）

空调系统	
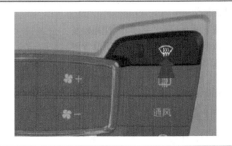	功能操作： 除雾除霜键
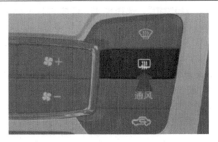	功能操作： 后车窗除雾除霜键。后车窗内侧的细电加热丝将使玻璃表面迅速清晰。除雾器工作时，指示灯将点亮。除雾器工作15min后，该系统将自动关闭
警告： 1. 由于后风窗玻璃有加热功能，请勿在开启后车窗除雾器开关后触摸后风窗玻璃。 2. 在清洁后车窗的内侧时，小心不要刮擦或损坏电热丝或接头。 3. 玻璃表面干净之后，再按一次按键可关掉除雾器。如果持续使用，则使动力电池放电，形成不必要的电量损耗，尤其在停停走走的驾驶中更是如此。 4. 请勿将除雾器用于让雨滴干燥和融雪。	
	功能操作： 通过调节旋钮可以调节出风口的大小或打开与关闭风口。拨动风口中央的调节片可以调节风量的出风角度
影音娱乐系统功能操作	
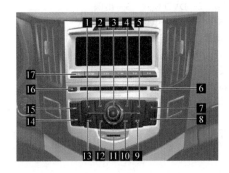	指示含义： 1—"FM选择"按键　2—"AM选择"按键 3—"音量调节"按键　4—"CD选择"按键 5—"SD选择"按键　6—"静音"按键 7—"向上调节"按键　8—"向下调节"按键 9—"音效调节"按键　10—"AUX选择"按键 11—音频SD卡槽　12—"USB选择"按键 13—"搜台"按键　14—"向前选择"按键 15—"向后选择"按键　16—"出碟"按键 17—"1~6数字"按键

（续）

影音娱乐系统功能操作

功能操作：
1. 按下 ▇ 上的"+"号：调高音量。
2. 按下 ▇ 上的"-"号：调低音量。
3. 按下 ▇ 上的∧：收音机模式下为自动搜寻上一强信号电台（调高频率）；CD/USB/SD/AUX 模式下为播放上一首（曲目号 +1）。
4. 按下 ▇ 上的∨：收音机模式下为自动搜寻下一强信号电台（调低频率）；CD/USB/SD/AUX 模式下为播放下一首（曲目号 -1）。
5. 按下 ▇模式▇ ，选择模式，可按 FM → AM → CD（如果唱片已被装填）→ USB（如果 USB 接口已被连接 U 盘）→ AUX（如果 AUX 接口连接了播放器）→ SD（如插入）之间切换循环。
6. 如果音响处于关机状态，短按 ▇模式▇ 可以进行开机操作，进入上次关机时的记忆播放模式。
7. 如果记忆播放模式无播放源（如无碟片、无外接音频设备），则直接切换到 FM 模式，再次按下时按照以上顺序进行切换；同时具有长按关闭音响系统的功能。

警告：
不要将有饰品的 U 盘直接插入 USB 接口，以避免因行车过程中的振动对 USB 接口可能造成的损坏。为确保音响系统正常工作，要注意以下几点：
① 小心不要将饮料溅在音响系统上。
② 除光盘以外，CD 槽中不要放入任何其他物体。
③ 除存储卡以外，SD 卡槽中不要放入任何其他物体。
④ 除数据线或音频线以外，USB 或 AUX 槽中不要放入任何其他物体。
⑤ 在车内或车辆旁边使用移动电话会使正在工作的扬声器发出噪声，但这并不表示故障。

2.2 比亚迪-秦汽车舒适娱乐系统功能操作

比亚迪-秦汽车的舒适娱乐系统功能操作见表 5-4-2。

表 5-4-2　比亚迪-秦汽车的舒适娱乐系统功能操作

面板功能

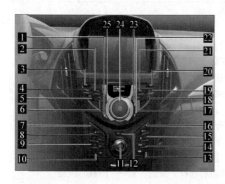

指示含义：
1—向下调节　2—DVD 模式　3—出碟
4—导航　5—电视　6—电台模式
7—空调手动模式　8—空调自动模式
9—内外循环　10—USB/AUX 堵盖
11—温度旋钮　12—倒车雷达　13—SD 卡堵盖
14—电除霜　15—前除霜　16—空调关闭
17—AUX 模式　18—USB 模式　19—SD 模式
20—静音　21—电话　22—向下选择　23—向上选择
24—音响开关　25—向上调节

项目 5　新能源汽车功能操作

（续）

面板功能	
	功能操作： 可以利用转向盘上的功能按钮调节音响系统的一些部件。 这些专用开关、控制器和功能的详细说明如下： 1. 音量"+"：按"+"侧增加音量。按住开关，持续增加音量。 2. 音量"-"：按"-"侧降低音量。按住开关，持续降低音量。 3. 开关 ⌃ 或 ⌄：在收音机模式的功能是搜索电台；在 CD/DVD/SD/USB 播放机模式的功能是选择需要的曲目。 4. "模式"开关模式：用该开关可以打开或关闭音响系统，或改变音响模式。轻轻按下开关，打开音响系统；按住开关 1s 以上，关闭音响系统；打开系统并轻轻按下开关，可改变音响模式。 5. 电话按键：在蓝牙未连接状态，短按进入电话功能界面；在蓝牙已连接状态，有来电时，短按接听来电，长按挂断电话；无来电时，短按进入历史来电界面，再次短按默认拨打最近一条通话记录号码。
注意： 1. 不要将悬挂有饰品的 U 盘直接插入 USB 接口，以避免因行车过程中的振动对 USB 接口可能造成的损坏。 2. 拆卸或换装未经厂家认证的 CD 主机/多媒体系统产品，可能导致车辆无法正常起动。	
系统启动	
	功能操作： 当电源档位置于"ACC"时，将显示初始画面数秒，系统开始工作
注意： 1. 用手轻轻触按屏幕，如果无响应，请从屏幕上移开手指然后再次触按。 2. 用柔软的布擦拭屏幕上的灰尘，请不要使用洗涤剂。 3. 当显示屏温度较低时，显示的图象可能较暗，或系统工作可能比正常时稍慢。 4. 呈灰色状态的触摸屏按钮是不可操作的。	
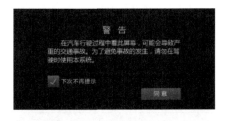	功能操作： 当系统启动后，首次释放电子驻车制动，系统进入行驶状态，并弹出如下提示： 1. 该界面下单击"同意"，则可以在行驶状态下正常使用所有功能。并且再次释放电子驻车制动时，不再弹出该提示。 2. 若在该界面下未点"同意"，则系统将一直处在"警告"界面下，直至电子驻车制动拉起。 3. 若勾选"下次不再提示"，系统开启时不会提示警告界面，直接进入主程序。
状态栏	
	功能操作： 系统启动后，屏幕最上侧状态栏会一直显示当前一系列状态信号

171

（续）

	桌面秀主页
	功能操作： 当多媒体系统启动完成后，即进入系统桌面秀界面
	星座选择界面
	功能操作： 1. 单击任一星座框即可设置为桌面秀星座图形。 2. 可通过手指上下滑动星座列表。 3. 再次单击桌面秀上的星座图标或右上方关闭按钮，即可收回星座选择列表弹框。
	用户导向界面
	功能操作： 1. 对多媒体系统某个功能模块的功能操作进行的提示和说明，可左右滑动。 2. 各个功能模块的选择页签，可左右滑动，单击即可选择查看该功能模块的向导说明。
	主页
	功能操作： 在桌面秀上，向左滑动页面，即进入系统主页
	系统设置界面
	功能操作： 在主页上触按 图标，然后按照客户需求进行对应项目的设置

项目 5　新能源汽车功能操作

（续）

车辆设置界面	
	功能操作： 在主页上触按 [车辆设置] 图标，然后按照客户需求进行对应项目的设置
音响设置界面	
	功能操作： 在主页上触按 [音响设置] 图标，然后按照客户需求进行对应项目的设置
版本信息设置界面	
	功能操作： 在主页上触按 [版本信息] 图标，进入版本信息界面。该界面可以查看平台型号、系统版本号、主程序版本号、远程安装版本号及 DCM 的版本号
背景图片浏览模式界面	
	功能操作： 在主页上触按 [背景设置] 图标，在该界面可以快速浏览所有图片的缩略图形式，上下滑动触摸屏即可实现页面翻动
图片浏览器缩略图界面	
	功能操作： 在主页上触按 [图片浏览器] 图标，单击大图，左侧弹出滑框。左右滑动大图，即可显示上下一张图片

173

（续）

	文件管理主界面
	功能操作： 在主页上触按 图标，文件管理的功能主要包括查看文件、删除文件以及本地文件夹与外接设备相互拷贝文件等
	仪表系统界面
	功能操作： 在主页上触按 图标，在该界面上显示仪表的相关信息，包括续驶里程、档位、车速以及燃油剩余量等
	空调界面
	功能操作： 在主页上触按 图标，然后按照客户需求进行对应项目的设置
	语音控制界面
	功能操作： 按下转向盘上的"语音控制"按键，即进入语音控制界面
	音响系统界面
	功能操作： 1. DVD 播放机：播放音频 CD、DVD-ROM 光盘；播放 DVD、VCD 视频光盘。 2. 数字电视接收机：接收播放数字电视。 3. USB、AUX、硬盘、SD 卡、音视中心、收音机、手机音乐：触按对应的图标或点击对应的屏按键可分别进入各个多媒体界面。

（续）

蓝牙电话界面	
	功能操作： 在主页上触按  图标，若系统未连接任何设备时，会先出现一个提示界面，提醒用户用手机与系统进行蓝牙连接，然后进入蓝牙连接界面
天气关注界面	
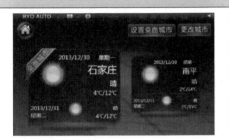	功能操作： 在主页上触按 图标，显示当前两个关注地今明两天的天气情况。选中其中一个关注地信息框，该信息框相应变大，此时按钮"设置桌面城市"和"更改城市"都是针对该关注地进行操作
日程日历表界面	
	功能操作： 在主页上触按 图标，进入日程日历界面，自动显示当天的日期。左侧显示当天的日程列表，右侧日历中有页签标识的表示该天有日程
下载及安装界面	
	功能操作： 在主页上触按 图标，在该下载界面列表中，用户可以查找官方或第三方提供的各种应用软件，用户可以根据自己的喜好来选择下载与否
位置查询界面	
	功能操作： 在主页上触按 图标，用户可以通过选择输入所要查找车辆的车牌号、邮箱、绑定的手机号或昵称中任意一项来请求获取到对方的当前位置

175

（续）

空调系统	
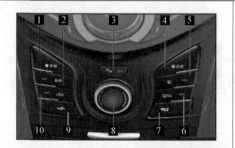	指示含义： 1—空调手动模式　2—空调自动模式 3—倒车雷达　4—空调关闭 5—前除霜　6—电除霜 7—SD卡堵盖　8—温度旋钮 9—USB/AUX堵盖　10—内外循环
空调系统操作界面	
	指示含义： 1—压缩机开关按键 2—通风设定按键 3—空调风量档位设定按键 4—出风模式设定按键 5—当前设定温度
	功能操作： 按下按键，多媒体显示屏进入空调界面
	功能操作： 　　有效操作按键，按键上的指示灯点亮（绿色），空调进入自动控制模式。压缩机、电加热器、风量档位、出风模式等根据车内温度及设定温度自动控制。同时，温度旋钮点亮，显示上次关空调时设定的温度
	功能操作： 　　使车内（外）的空气进行循环。当内外循环按键指示灯不亮时，进风模式为外循环；按下按键点亮按键指示灯（绿色）时，进风模式切换成内循环

项目 5　新能源汽车功能操作

（续）

空调系统操作界面	
	功能操作： 开启空调，温度旋钮点亮，显示上次断电时的设定温度
	功能操作： 有效操作按键，任何空调模式下即可关闭空调系统
	功能操作： 有效操作按键，按键上的指示灯点亮（黄色）
	功能操作： 有效操作按键，按键上的指示灯点亮（黄色），后风窗玻璃和左右前后视镜电除霜功能开启。它对空调系统的各模块工作没有影响
	功能操作： 空调送风模式有 5 种："吹面""吹面吹脚""吹脚""吹脚除霜"和"除霜"。其中前 4 种送风模式在空调界面设置，第 5 种送风模式通过有效操作"前除霜"按键可以设置

（续）

绿净系统
 功能操作： 上电后，有效操作"PM2.5"按键，多媒体显示屏进入绿净系统界面。在该界面，可以手动开关"PM2.5 车内检测"和"PM2.5 车外检测"；"PM2.5 车内检测"和"PM2.5 车外检测"同一时间只能开始其中一个

2.3 丰田普锐斯汽车舒适娱乐系统功能操作

丰田普锐斯汽车的舒适娱乐系统功能操作见表5-4-3。

表5-4-3 丰田普锐斯汽车的舒适娱乐系统功能操作

空调系统
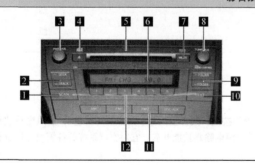 指示含义： 1—温度控制 2—信息显示：温度设定显示、出风口显示、外部温度显示、风扇转速显示 3—风扇转速控制 4—风窗除霜控制 5—花粉清除模式 6—制冷和除湿开关 7—出风口选择控制开关 8—内外循环开关 9—自动控制 10—关闭
影音娱乐系统
指示含义： 1—浏览可接受电台 2—搜索频率 3—电源键、音量控制键 4—CD 光盘出舱键 5—CD 舱 6—显示屏 7—静音 8—频率调节 9—CD 或电台选择键 10—显示文字信息 11—电台选择 12—预设电台选择或 CD 歌曲播放键

任务 5　新能源汽车车内装置的使用和车辆规格识别

一、任务引入

车内的储物空间是否合理有效是评价车辆使用性能及人性化的标准，新能源车辆内部设施设备又如何呢？对于一辆新能源汽车，我们该如何去进行车辆识别呢？通过本任务的学习，掌握比亚迪 e5 和秦车型车内装置的使用以及识别车辆信息的方法。

二、任务要求

知识要求：

- 熟悉新能源车辆识别代码。
- 熟悉新能源车辆各指示牌的信息。

技能要求：

- 学会使用新能源汽车的车内装置。
- 学会在实车上找到车辆各指示牌的信息。

职业素养要求：

- 严格执行汽车检修规范，养成严谨科学的工作态度。
- 尊重他人劳动，不窃取他人成果。
- 养成总结训练结果的习惯，为下次训练积累经验。
- 养成团结协作的精神。
- 严格执行 5S 现场管理。

三、相关知识

车辆识别代码

每辆车都有一个专用的车辆识别代码，俗称车架号，即 VIN。VIN 是英文 Vehicle Identification Number（车辆识别代码）的缩写。SAE 标准规定：VIN 码由 17 位字符组成，因此俗称十七位码。它包含了车辆的生产厂家、年代、车型、车身形式及代码、发动机代码及组装地点等信息。正确解读 VIN 码，对于我们正确地识别车型，进而正确地诊断和维修车辆都是十分重要的。

车辆识别代码清楚地打制在底盘或车架上，或者在车辆右侧相应部件上容易看到的位置。在大多数较新的比亚迪车辆上车辆识别代码位于发动机舱盖上方，如图 5-5-1 所示。

按照我国法规要求，风窗玻璃左侧下部仪表台处也印有车辆识别代码，从外部透过风窗玻璃内的透明窗口可以看到这个编号，如图 5-5-2 所示。

图 5-5-1　比亚迪车辆识别代码位于发动机舱盖上方

图 5-5-2　比亚迪车辆识别代码位于前风窗左下方

下面以某辆比亚迪轿车的 VIN：LGXC76C37F0099039 为例，对 17 位代码的含义进行说明。

（1）1~3 位（LGX）：制造商

1）第 1 位：表示地理区域（国家或地区），1——美国、J——日本、S——英国、2——加拿大、K——韩国、T——瑞士、3——墨西哥、L——中国、V——法国、R——中国台湾、W——德国、6——澳大利亚、Y——瑞典、9——巴西、Z——意大利。

2）第 2 位：汽车制造商代码，这里代表比亚迪汽车。

3）第 3 位：汽车类型代码（不同的厂商有不同的解释），有些厂商可能使用前 3 位组合代码表示特定的品牌。

（2）4~8 位（C76C3）：车辆特征

1）轿车：种类、系列、车身类型、发动机或电机类型及约束系统类型（0——座椅安全带，1——座椅安全带和驾驶人气囊，2——座椅安全带和双气囊，3——座椅安全带和第二代前排双气囊，4——座椅安全带和前排二级先进气囊）。

2）MPV：种类、系列、车身类型、发动机类型及车辆额定总质量。

3）载货车：型号或种类、系列、底盘、驾驶室类型、发动机类型、制动系统及车辆额定总质量。

4）客车：型号或种类、系列、车身类型、发动机类型及制动系统。

（3）第 9 位（7）：校验位

1）在该位置填入 1 个用来表示车辆识别代码（VIN）书写准确性的"检验码"（1 个数字或 1 个字母"X"）。

2）美国的车辆制造厂的 VIN 在第 9 位都有 1 个检验码，这是美国联邦法规规定的。其目的是核对数字，检验 VIN 填写是否正确，并能防止假冒产品。

3）它是其他 16 位字码对应数值乘以其位置权数的和除以 11 所得的余数，当余数为 0~9 时，余数就是检验数字；当余数为 10 时，使用字母 X 作为检验码。

（4）第 10 位（F）：车型年款

1）旧的一组字母：A——1980、B——1981、C——1982、D——1983、E——1984、F——1985、G——1986、H——1987、J——1988、K——1989、L——1990、M——1991、N——1992、P——1993、R——1994、S——1995、T——1996、V——1997、W——1998、X——1999、Y——2000。

2）数字：1——2001、2——2002、3——2003、4——2004、5——2005、6——2006、7——2007、8——2008、9——2009。

3）新的一组字母：A——2010、B——2011、C——2012、D——2013、E——2014、F——2015、G——2016、H——2017、J——2018、K——2019。

（5）第 11 位（0）：装配厂（产地）

（6）第 12~17 位（099039）：序列号

通过序列号可以在不同的服务系统（例如诊断系统）中进行明确的车辆识别。

四、任务实施

1. 任务准备

安全防护：注意车辆或台架电压保护。

项目 5　新能源汽车功能操作

工具设备：作业保护设备（车外、车内三件套）；安全设施（车轮挡块、警示隔离带等）。
台架车辆：比亚迪 e5 整车、普锐斯整车或比亚迪 - 秦整车。
辅助资料：车主手册、教材。

2. 实施步骤

2.1　比亚迪 e5 纯电动汽车车内设施设备使用及车辆规格识别

详见表 5-5-1。

表 5-5-1　比亚迪 e5 车内设施设备使用及车辆规格识别

中央置物盒
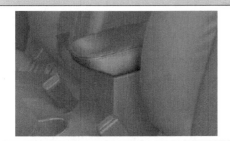 功能操作： 要打开中央置物盒，抬起中央置物盒盖的同时，向上拉锁定抠手
杯架
 功能说明： 杯架用于稳妥地放置杯子或饮料罐
票据盒
 功能操作： 1. 要打开票据盒，拉动票据盒抠手即可。 2. 票据盒打开后可放入发票、名片等，切不可放入大件或者过重的物品，以免票据盒无法关闭，车辆行驶过程中请保持票据盒关闭状态
杂物箱
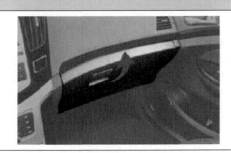 功能操作： 要打开杂物箱，拉动杂物箱上的手柄即可

（续）

点烟器和烟灰盒	
	功能操作： 要使用烟灰盒时请将烟灰盒盖向上掀开，将烟灰及烟蒂丢弃在左侧的烟灰盒内，使用完毕可将烟灰盒单独取出倾倒
前后舱开启键	
	功能操作： 通过拉起行李箱盖开启手柄，打开行李箱
	功能操作： 通过拉起前舱盖开启手柄，打开前舱
车辆标识——识别代号	
	指示含义： 1—VIN（车辆识别代号）位于前舱盖内板前沿 2—VIN（车辆识别代号）位于前排乘员座椅下方 3—VIN（车辆识别代号）位于左前侧风窗玻璃处 4—VIN（车辆识别代号）位于后背门内侧
制造厂铭牌	
	功能说明： 制造厂铭牌位于右侧围 B 柱底部。整车型号、乘坐人数、电机型号和车辆识别代码等信处均标注在制造厂铭牌上

项目 5　新能源汽车功能操作

（续）

警告类标签	
	功能说明： 轮胎气压指示牌粘贴在左 B 柱下方
	功能说明： 安全气囊指示牌粘贴在左 / 右遮阳板上
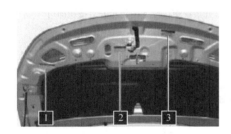	指示含义： 粘贴在前舱盖内侧的指示牌包括： 1—电机冷却液指示牌 2—操作说明指示牌 3—电池位置指示牌
	指示含义： 粘贴在前舱内的指示牌包括： 1—高压指示牌 2—冷却风扇指示牌 3—空调系统指示牌
	功能说明： 前排气囊标志粘贴在仪表台右侧。

183

2.2 比亚迪 - 秦混合动力汽车车内设施设备使用及车辆规格识别

详见表 5-5-2。

表 5-5-2 比亚迪 - 秦车内设施设备使用及车辆规格识别

票据盒	
	功能操作： 1. 要打开票据盒，拉动票据盒抠手即可。 2. 票据盒打开后可放入发票、名片等，切不可放入大件或者过重的东西，以免票据盒无法关闭，车辆行驶过程中请保持票据盒关闭状态。
杂物箱	
	功能操作： 要打开杂物箱，按下杂物箱开启按钮即可
点烟器及烟灰缸	
	功能操作： 使用烟灰缸时，按照图中箭头方向轻轻按下后放手，两盖板会自动往两边掀开
	功能操作： 1. 将烟灰及烟蒂丢弃在左侧的烟灰缸内，使用完毕可将烟灰缸单独取出倾倒。 2. 要使用点烟器时，将它按入，待点烟器就绪，会自动弹出以供使用。 3. 如果发动机没有运转，则"起动/停止"按钮必须在"ON"的位置，不要将点烟器按入不放。

项目 5　新能源汽车功能操作

（续）

中控置物盒	
	功能操作： 要使用中控置物盒时，按一下开启按钮即可自动打开
中央置物盒	
	功能操作： 要打开中央置物盒，沿图中箭头方向拉起扶手即可
手机槽及杯托	
	功能说明： 手机槽用于存放手机，杯托用于稳妥地放置杯子或饮料罐
行李箱开关	
	功能操作： 通过拉起行李箱开启手柄打开行李箱
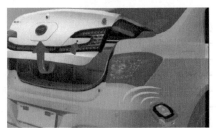	功能操作： 当携带滑盖智能钥匙或电子智能钥匙的时候，通过操作行李箱微动开关，可以直接打开行李箱盖

（续）

前舱盖开关	
	功能操作： 换至驻车档或空档，拉起 EPB 开关，然后拉起位于仪表板下本体左侧的前舱盖开启手柄，前舱盖将弹起稍许
加油口盖	
 	功能操作： 1. 由于加油口盖位于车辆的左侧，请将这一侧靠近加油站的加油机停车。 2. 拉起驾驶人座椅外侧的加油口开启手柄，打开加油口门。 3. 慢慢地取下加油口盖。由于燃油箱内压力的释放，可能会听到"嘶嘶"声。加油口盖用拴链与加油漏斗连在一起，以防不慎将加油口盖丢失。加油时，应将加油口盖架在加油口门上的托架上。 4. 在加油枪自动切断后，应停止加油。切勿试图将燃油箱加得太满，应留出温度变化时燃油膨胀的空间。 5. 将加油口盖拧回原处，应拧紧至听到两声以上的"咔嚓"声为止。
后排座椅控制面板（装有时）	
	功能操作： 后排座椅控制面板位于后排座椅中间扶手上，需用时，将其放倒即可
车辆标识—识别代码	
	指示含义： 1—VIN 码（车辆识别号）位于行李箱钣金处 2—VIN 码（车辆识别号）位于左前门内板上 3—VIN 码（车辆识别号）位于前风窗玻璃左下方 4—VIN 码（车辆识别号）位于前排乘员座椅下方 5—VIN 码（车辆识别号）位于发动机舱盖上方

(续)

发动机/变速器编号

功能说明：
1. 发动机型号/发动机号码冲印在发动机组上。
2. 变速器号码印刻在变速器上。

制造厂铭牌

功能说明：
制造厂铭牌位于右侧围B柱底部。整车型号、乘坐人数、电机型号和车辆识别代码等标注在制造厂铭牌上

警告类标签

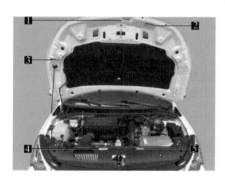

指示含义：
1—电池位置说明指示牌位于前舱盖内侧上部靠近锁环旁
2—动力舱操作说明指示牌位于前舱盖内侧上部
3—发电机/电机冷却液指示牌位于机舱盖板内侧右部（即冷却液加注口上方）
4—冷却风扇警示牌位于格栅上盖板右侧
5—空调系统警示牌位于格栅上盖板左侧

指示含义：
1—主驾安全气囊标识位于转向盘上
2—前排乘员安全气囊标识位于仪表板上
3—安全气囊警告牌位于仪表板上本体右侧
4—空调系统过滤器标识位于杂物箱底部

（续）

警告类标签	
	指示含义： 1—胎压指示牌、侧安全气囊标识牌位于主驾B柱锁环下 2—儿童保护装置指示牌位于左后门儿童锁边 3—燃油指示牌位于加油口盖钣金内侧
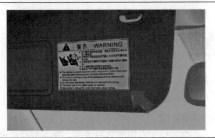	功能说明： 安全气囊警告牌位于主、副驾遮阳板外侧
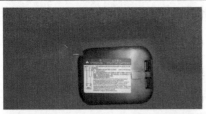	功能说明： 动力电池警告牌位于屏蔽罩上
	功能说明： 高压配电箱高压警告牌位于充电口内部
	功能说明： 维修开关警告牌位于紧急维修开关附近的钣金上

参考文献

[1] 郑军武，吴书龙. 新能源汽车技术 [M]. 长春：东北师范大学出版社，2016.

[2] 节能与新能源汽车技术路线图战略咨询委员会，中国汽车工程学会. 节能与新能源汽车技术路线图 [M]. 北京：机械工业出版社，2016.

[3] 景平利. 走进新能源汽车 [M]. 北京：机械工业出版社，2017.

[4] 赵振宇. 新能源汽车技术 [M]. 北京：人民交通出版社，2013.

[5] 王刚. 新能源汽车 [M]. 北京：清华大学出版社，2015.

读者沟通卡

一、申请课件

本书附赠教学课件供任课教师采用，可在机械工业出版社教育服务网（www.cmpedu.com）注册后免费下载；也可扫描二维码关注"爱车邦"微信订阅号获取课件。

爱车邦

免费下载 教学课件、学习视频、海量学习资料
➢ 扫描二维码，关注"**爱车邦**"
➢ 点击"粉丝互动"→"视频课件"

二、机工汽车教师服务群

任课教师可加入"机工汽车教师服务群"，与教材主编、编辑直接沟通交流。"机工汽车教师服务群"提供最新教材信息、教材特色介绍、专业教材推荐、样书申请、出版合作等服务。

QQ群号码：633529383，本群实行实名制，请以"院校名称+姓名"的方式申请加入。

三、微信购书

扫描二维码进入小程序"机械工业出版社有赞旗舰店"，即可购买机械工业出版社汽车图书。

四、意见反馈和编写合作

联 系 人：谢元
电　　话：010-88379771
电子信箱：22625793@qq.com
地　　址：北京市西城区百万庄大街22号汽车分社
邮　　编：100037